Minhas primeiras
Orações

Pe. Ferdinando Mancilio, C.Ss.R.

Minhas primeiras
Orações

Direção Editorial:	Pe. Fábio Evaristo R. Silva, C.Ss.R.
Conselho Editorial:	Cláudio Anselmo Santos Silva, C.Ss.R.
	Ferdinando Mancilio, C.Ss.R.
	Gilberto Paiva, C.Ss.R.
	José Uilson Inácio Soares Júnior, C.Ss.R.
	Marcelo da Rosa Magalhães, C.Ss.R.
	Victor Hugo Lapenta, C.Ss.R.
Coordenação Editorial:	Ana Lúcia de Castro Leite
Copidesque e Revisão:	Luana Galvão e Sofia Machado
Diagramação e Capa:	Mauricio Pereira
Ilustração:	Reinaldo Batista

ISBN 978-85-369-0625-6

5ª impressão

Todos os direitos reservados à **EDITORA SANTUÁRIO** – 2025

Rua Pe. Claro Monteiro, 342 – 12570-045 – Aparecida-SP
Tel: 12 3104-2000 – Televendas: 0800 0 16 00 04
www.editorasantuario.com.br
vendas@editorasantuario.com.br

Texto
Ferdinando Mancilio
Ilustrações
Reinaldo Batista

Este livro é um presente de

_____

para

_____, anjo de Deus.

A docilidade da criança, sua simplicidade e a ausência de barreiras humanas arraigadas fizeram Jesus dizer aos discípulos: "Deixai vir a mim as criancinhas porque delas é o Reino dos céus" (Lc 18,15-17). Impressiona-nos a força da palavra do Mestre: "Se não vos tornardes como crianças, não entrareis no Reino dos céus". Esse é o desejo que pautou a feitura deste livro voltado para a criança, a fim de despertar o interesse dela pela oração.

Meu desejo é que as crianças descubram o gosto pela oração e aproveitem a catequese simples, humana, profunda e de fé, que este livro pretende levar ao coração dos pequeninos.

Ele não traz a forma tradicional e costumeira de os adultos rezarem. A intenção foi colocar ao alcance da criança orações comuns, que serão muito úteis em toda a sua vida.

Espero que isso traga benefícios e efeitos desejados, tal como foi pensado.

Pe. Ferdinando Mancilio

Apresentando-me

Jesus, eu estou aqui bem pertinho do Senhor. Eu me chamo... *(diga qual é seu nome)*. E eu sei que o Senhor já me conhece. Tenho em minhas mãos este meu livro de orações. Ele vai me ajudar a me aproximar mais do Senhor, de minha família, de meus coleguinhas, de todas as pessoas. Também vai me ajudar a ficar bem pertinho de Nossa Senhora. Ela é nossa Mãe do Céu, e nós também a amamos muito. O Senhor sabe que nós gostamos de Nossa Senhora. Ela nunca poderá ser esquecida por nós.

Então, Jesus, eu quero que o Senhor aceite minha oração e me ajude a crescer em seu amor. Amém.

Amor, amar

Senhor Jesus, eu sei que o Senhor me ama muito. O Senhor veio morar aqui na terra para me amar e me ajudar a viver bem e ser feliz.

Eu sei que, junto do Senhor, terei muita paz e serei feliz. Por isso, Jesus, vou agora rezar bem do jeito que o Senhor me ensinou:

– Pai nosso, que estais no céu, santificado seja vosso nome, venha a nós o vosso Reino, seja feita a vossa vontade, assim na terra como no céu. O pão nosso de cada dia nos dai hoje, perdoai as nossas ofensas, assim como nós perdoamos a quem nos tem ofendido, e não nos deixeis cair em tentação, mas livrai-nos do mal. Amém.

Aprendendo

😊 É feliz quem ama Jesus!

😊 É feliz quem ama Jesus e todas as pessoas!

😊 É feliz quem ama Jesus, as pessoas e os animais!

😊 Eu quero ser feliz amando Jesus, as pessoas, minha família, tudo o que Deus criou e me amando!

Quando eu for me alimentar

Jesus, eu lhe agradeço o alimento que tenho diante de mim. Foi o Pai do Céu quem nos deu esse dom. Eu lhe agradeço todas as pessoas que trabalharam para que eu pudesse agora me alimentar. Obrigado, Jesus, e não deixe faltar o pão na mesa das famílias. Amém.

Aprendendo

😊 É importante alimentar-se direito para ter saúde!

😊 O papai, e principalmente a mamãe, ensina-me a me alimentar!

😊 É sinal de amor lembrar-se sempre das crianças pobres que não têm o que comer!

😊 Alimentar-se na hora certa e de modo certo me faz crescer forte e sadio!

😊 O alimento é uma bênção de Deus para nós!
😊 Por isso é importante rezar agradecendo a Jesus o alimento que temos!

Quando eu for dormir

Jesus, depois de viver muito bem este dia, eu quero dizer para o Senhor: "Muito obrigado!" E eu quero que o Senhor fique perto de mim, até quando eu for dormir, pois só junto do Senhor eu serei feliz. Obrigado, Jesus, por este dia e pelo sono que terei nesta noite. Amém.

Aprendendo

🙂 O sono me ajuda a estar bem em cada dia!

🙂 É importante eu dormir bem, não fazer barulho ou outras coisas que atrapalham o sono das pessoas!

🙂 Durante o dia devo correr, brincar, ajudar em casa, estudar... mas, à noite, tenho de dormir bastante!

🙂 Enquanto eu durmo, Deus fica olhando para mim com amor! Os Anjos do céu também!

Quando eu me levantar

Jesus, o dia já amanheceu, e eu ainda estou com muito sono. Eu vou me levantar, pois tenho de me preparar e ir para a escola. Eu preciso estudar para aprender as coisas importantes para a vida. Hoje, eu quero me lembrar do Senhor e de seu amor, muitas vezes. Ajude-me a ser bom neste dia. Amém.

Aprendendo

😊 Cada dia, que amanhece, é sinal de que Deus nos ama!

😊 O sol é a luz do céu, que vem nos iluminar!

😊 Em cada dia, faço muitas coisas, mas é importante ajudar as pessoas!

😊 Quando acordo, "pulo" da cama bem depressa, cuido-me e fico pronto para ir à escola!

😊 É importante lembrar sempre de agradecer a Deus o dia que amanheceu!

Quando eu for estudar

Jesus, lá na escola, pude aprender muitas coisas com meus professores. Eu os respeito porque eles se dedicam a me ajudar. Agora, eu tenho de fazer algumas tarefas de casa, porque assim aprendo ainda mais sobre o que é necessário para minha vida. Eu peço sua luz divina para iluminar minha inteligência, para que assim eu possa aproveitar bem meus estudos. Eu não vou esperar a mamãe ou o papai me mandar estudar, vou sim estudar, porque eu quero aprender. Amém.

Aprendendo

😊 É importante estudar para se desenvolver como filho de Deus!

😊 É importante estudar para ajudar as pessoas na vida!

😊 Estudando, compreendo melhor as coisas do mundo e as pessoas!

😊 Estudando, eu posso compreender melhor a mim mesmo!

😊 Deus me deu inteligência para eu crescer na vida e no amor!

A oração de meu caderno

Meu caderno, meu querido, você é meu bom amigo.

Quando eu preciso escrever para não esquecer,

você me oferece uma página em branco.

E ali eu escrevo o que eu precisar ou quiser.

Jesus nos ensinou a ser como um caderno:

aberto, acolhedor, amigo e sempre pronto para servir.

Obrigado, meu caderno, eu o estimo muito, pois você é meu amigo e me ajuda a aprender as coisas da vida. Amém.

Aprendendo

😊 A vida é como a folha branca do caderno: ela é dom!

😊 Eu vou fazer de minha vida um dom bonito, cheio de amor!

😊 Eu não vou me esquecer do bem que as pessoas me fazem!

😊 Vou guardar no coração todos os que me ajudam a crescer e aprender!

😊 Deus me quer bem, e eu, que gosto de Deus, só posso querer bem os outros!

Da casa para a escola

Jesus, estou indo para a escola.

Lá vou aprender muitas coisas necessárias para minha vida.

Por isso, vou respeitar meus professores

e as pessoas que trabalham em minha escola.

Às vezes, há muito desrespeito com as pessoas.

Eu quero viver como criança e respeitar as pessoas,

porque eu sei que respeitá-las é respeitar o Senhor.

Ajude-me, Jesus, a viver, estudar bem e estar sempre em paz.

Amém.

Aprendendo

😊 Estudar faz bem e é importante para a vida!

😊 É importante aprender para poder ajudar as pessoas!

😊 Quem respeita a escola e os professores respeita-se!

🙂 Vou procurar fazer bem tudo o que tenho de fazer em meus estudos!

🙂 Vou ajudar quem tem dificuldades e quero receber ajuda em minhas dificuldades!

Fazer o bem

Senhor, eu o amo.

Mas sei que nem todo mundo gosta do Senhor.

Há pessoas que fazem muita maldade: estragam o ar,

que respiramos e que o Senhor fez,

jogam sujeira nos rios, fazendo os peixes morrerem

e deixando a água ficar suja.

Há pessoas que roubam e matam.

Eu sei que o Senhor não gosta de nada disso.

Por isso eu vou fazer de tudo para amar as pessoas

e respeitar tudo o que o Senhor fez.

Eu quero que o Senhor perdoe minhas faltas de criança. Amém.

Aprendendo

😊 Eu sei que faz bem fazer o bem!

😊 Quem faz o bem será sempre feliz!

😊 Jesus nos ensinou a amar e a fazer sempre o bem para as pessoas!

😊 Quem ama faz o bem, respeita as pessoas e vai para o céu!

😊 Deus quer me ver feliz. Por isso eu vou sempre fazer o bem!

Criança, sorriso de Deus

Jesus, é muito bom saber que o senhor está perto de mim e de meus coleguinhas.

Fico feliz em saber que o Senhor gosta muito de nós.

Eu fiquei feliz quando o Senhor ficou bravo com gente grande que não deixou as crianças ficarem perto do Senhor.

E como é bonito saber que o Senhor as abraçou e as abençoou.

Jesus, eu quero ser seu cada vez mais.

Por isso eu vou rezar sempre para que seu Reino

seja de todas as crianças e também de gente grande.

Amém.

Aprendendo

😊 Deus me deu a vida, dom muito bonito, a qual vou amar todos os dias!

😊 Eu sei que Deus me ama. Por isso eu vou esforçar-me para viver o amor em cada dia!

😊 A vida é bonita porque é dom de Deus para o mundo!

😊 As crianças enfeitam o mundo, pois não têm maldade no coração!

😊 Deus é meu Senhor, o Senhor da vida!

A criança sofredora

Jesus, o Senhor foi sempre amigo das crianças,

principalmente das crianças pobres, doentes e abandonadas.

O Senhor ajudou todas elas.

O Senhor deu a vida de novo para aquela menina que estava morta.

O Senhor é nossa vida.

O Senhor também não quer que as crianças de hoje sofram.

Tem criança sofrendo,

porque tem gente grande que não gosta delas;

por isso elas ficam abandonadas.

Tem gente grande que explora as crianças.

Jesus, eu quero ser como o Senhor:

ajudar e amar esses coleguinhas.

O Senhor vai ficar contente comigo, não é? Amém.

Aprendendo

😊 Jesus sempre amou muito as crianças!

😊 Jesus abençoava as crianças e as tratava com muita ternura!

😊 Há muita gente no mundo que ama e respeita as crianças!

😊 Jesus acolhia, libertava as pessoas doentes, pecadoras e oprimidas e perdoava-lhes!

😊 Jesus é nosso melhor amigo!

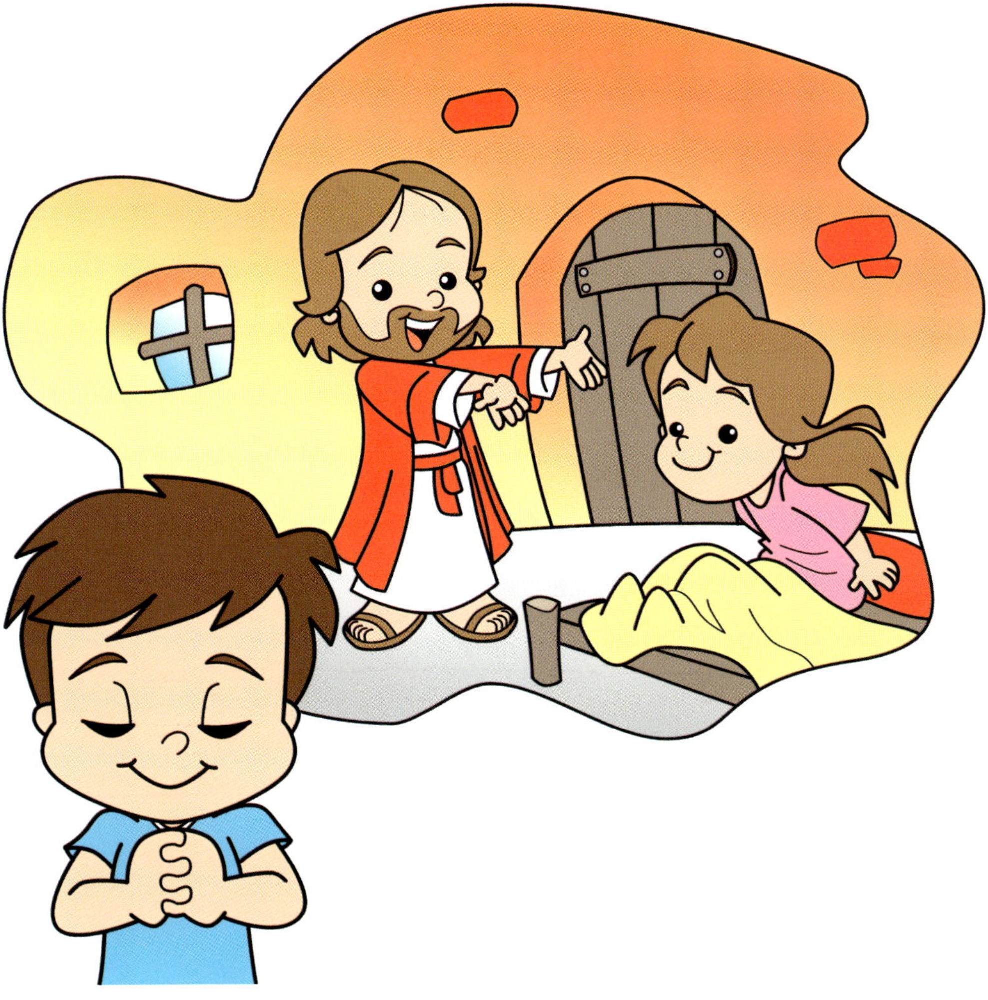

Oração ao Anjo da Guarda

Ó Santo Anjo, que sempre está junto de Deus, proteja-me e guarde-me. Há muitas coisas boas e bonitas no mundo, mas também coisas que me deixam triste, como a maldade. Venha e me livre de toda a maldade das pessoas que não têm generosidade, nem piedade. Guarde também minha família, meus pais, meus irmãos e meus amigos. Amém.

Aprendendo

- É Deus que me guarda em seu amor todos os dias!
- É feliz quem ama a Deus, às pessoas e à família!
- Amando, vamos acertar sempre o jeito de viver!
- Vou lembrar-me todos os dias de minha vida!
- Deus vai morar sempre em meu coração e no meio de minha família!

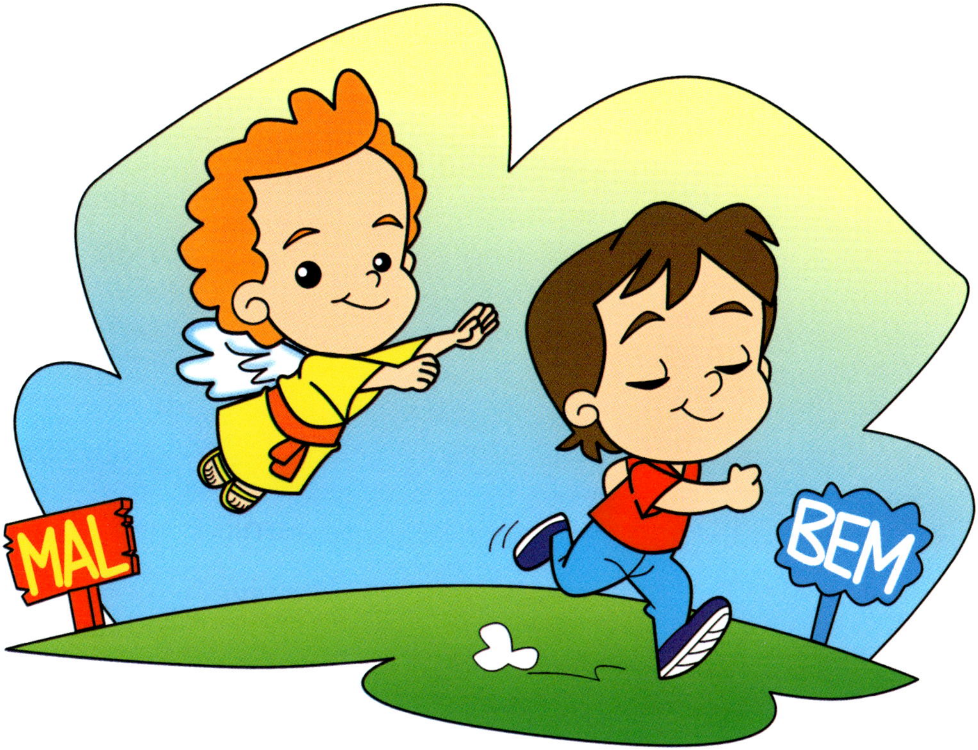
MAL
BEM

Eu gosto de Jesus

Jesus, eu gosto do Senhor. Muito obrigado pela vida que o Senhor me deu! Muito obrigado pelo papai e pela mamãe e por todas as pessoas que o Senhor colocou bem perto de mim.

Jesus, eu estou crescendo e adquirindo um corpo bonito e forte. Ajude-me a crescer também por dentro, para ter um coração cheio de bondade.

Jesus, ajude-me a ser feliz, a não ter medo de ser sincero. Quero crescer com alegria e fazer muita gente feliz, porque eu existo.

Jesus, eu gosto do Senhor, de todo o coração, e vou gostar de todas as pessoas, como o Senhor gosta de mim. Amém!

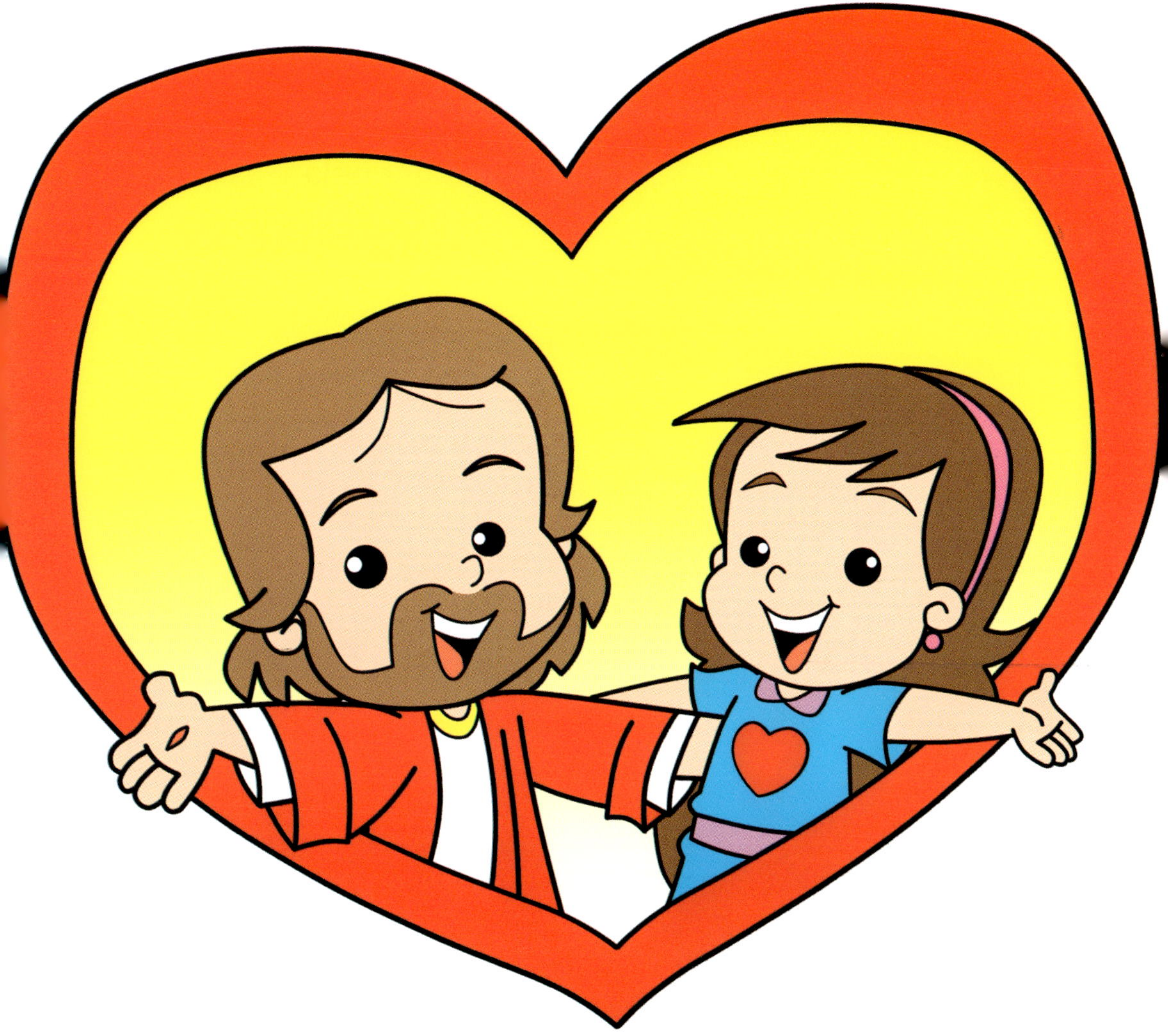

Meu coração de criança

Jesus, eu quero ter sempre um coração de criança.

Um coração cheio de ternura e de bondade.

Um coração fraterno e amoroso.

Um coração acolhedor e bondoso.

Um coração que não tem medo da vida.

Ó Jesus, ajude-me a viver com alegria minha fé!

BONDADE AMOR FÉ ALEGRIA

Rezo pelo papai e pela mamãe

Jesus, eu quero hoje rezar pelo papai e pela mamãe.

Eles me deram a vida e me ajudam a crescer.

Fazem todo esforço para que eu me desenvolva

como pessoa humana, sincera e madura.

Dê a eles, Jesus, muita saúde e muita paz,

para que continuem sua missão na terra.

Eu gosto muito deles, Jesus! Amém!

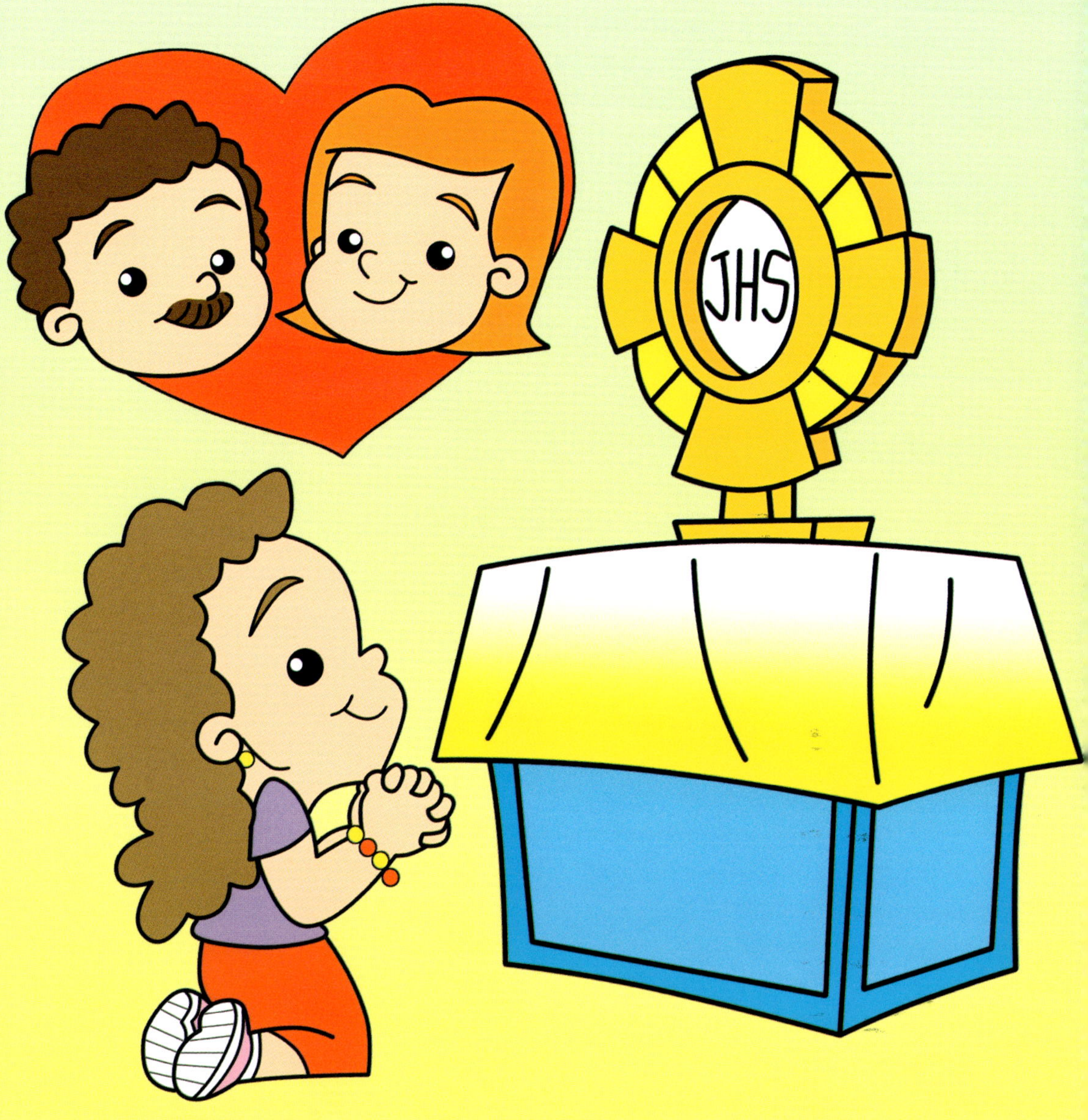
JHS

Bênção para o dia

Jesus, bem cedinho eu quero rezar ao Senhor.

Daqui a pouco vou tomar café e ir para a escola.

Depois, volto para casa e me encontro com a mamãe.

O papai só à noite, porque ele está trabalhando.

Depois vou fazer a lição de casa e brincar também.

Quando papai chegar, quero dar um abração nele.

Por tudo isso que vou fazer hoje, Jesus, eu lhe peço sua bênção e ofereço todo este dia que o Senhor me dá para viver. Amém!

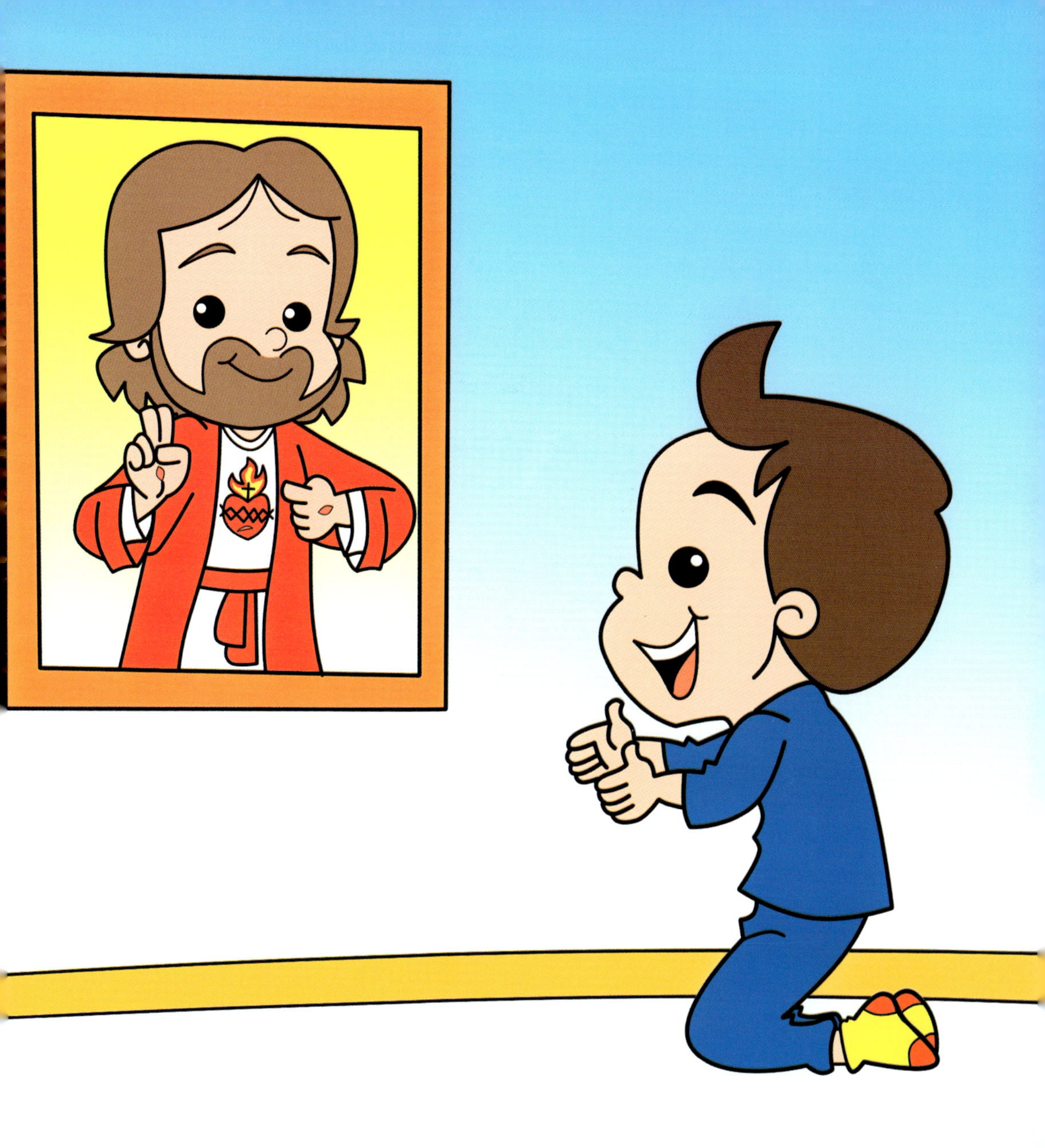

Consagração a Nossa Senhora

Ó Mãezinha do céu, eu não sei rezar direito, mas, do jeito que eu sei, eu rezo. Eu sei que a Senhora é a Mãe de Jesus, por isso eu lhe entrego meu coração de criança, porque sei que a Senhora irá me proteger nesta vida, defendendo-me de todos os perigos. Eu quero amar muito a Jesus e também a Senhora. Ajude-me a ser uma pessoa feliz e cheia de fé, de amor para com os outros. Obrigado, Mãezinha do céu, por nos ter dado Jesus, nosso Salvador! Amém!

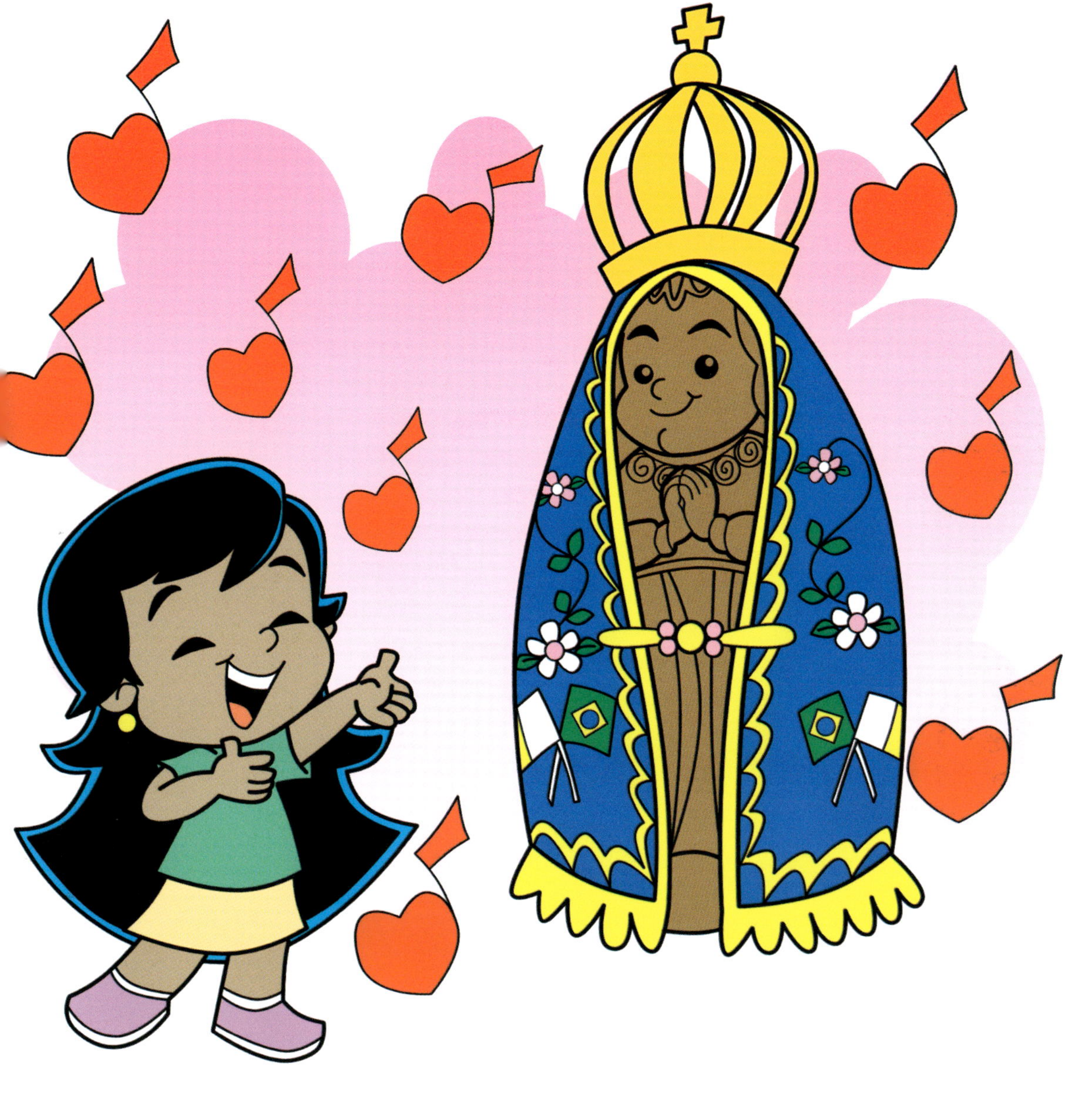

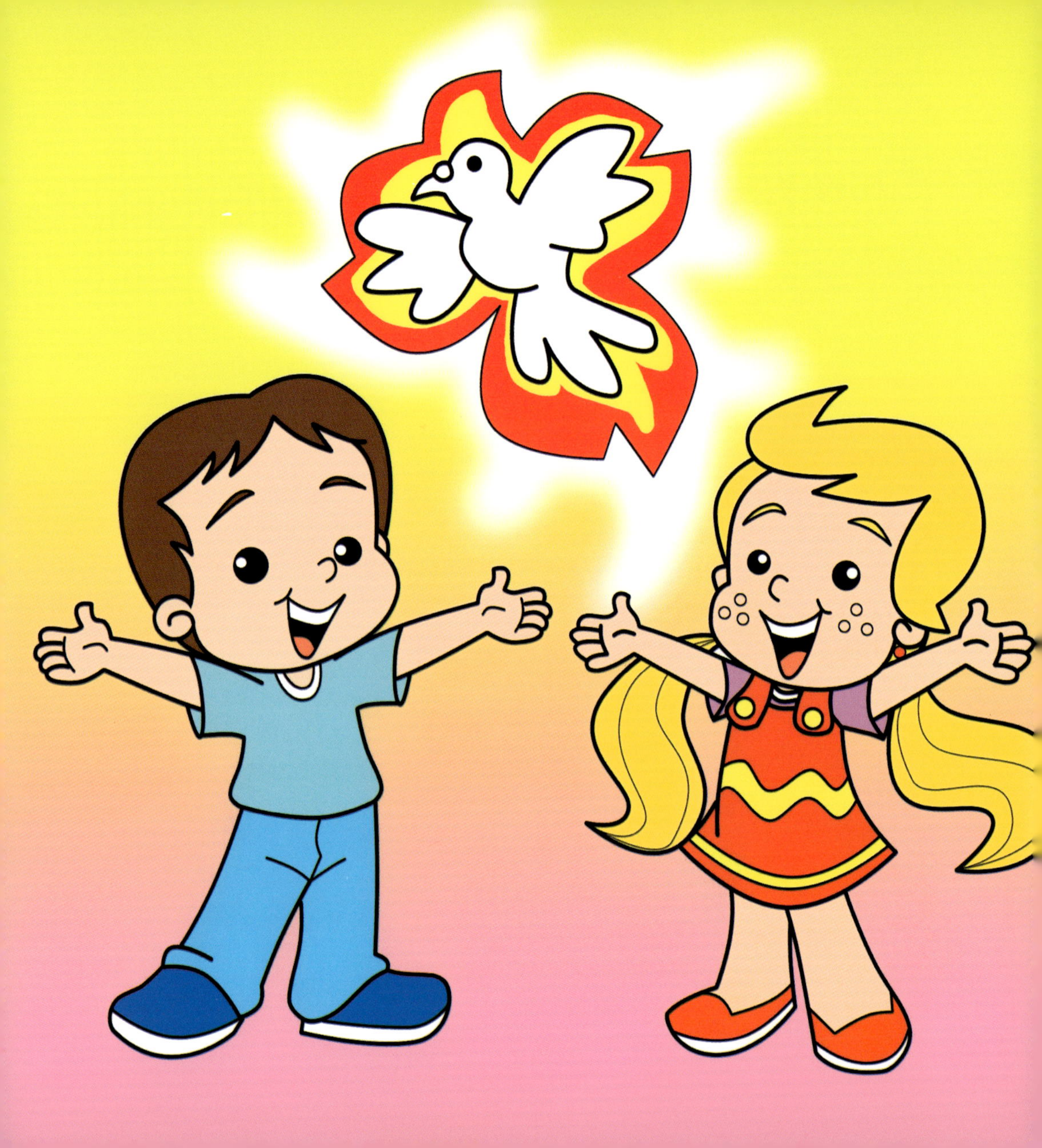

Orações para eu aprender e rezar em minha vida inteira

Sinal da Cruz

*A testa simboliza o céu e a sabedoria de Deus,
o peito simboliza o grande amor de Jesus
e os ombros significam o poder de Deus.*

† Pelo sinal da santa Cruz

(faça uma pequena cruz na testa),

† livrai-nos, Deus, nosso Senhor

(faça uma pequena cruz nos lábios),

† dos nossos inimigos

(faça uma pequena cruz no peito).

Conclui-se fazendo o sinal da cruz:

† Em nome do Pai (*tocar a testa*),

e do filho (*tocar o peito*),

e do Espírito (*tocar o ombro esquerdo*)

Santo (*tocar o ombro direito*).

Amém.

Pai-nosso

Pai nosso, que estais nos céus, santificado seja o vosso nome; venha a nós o vosso reino; seja feita a vossa vontade, assim na terra como no céu. O pão nosso de cada dia nos dai hoje; perdoai-nos as nossas ofensas; assim como nós perdoamos a quem nos tem ofendido. E não nos deixeis cair em tentação. Mas livrai-nos do mal. Amém.

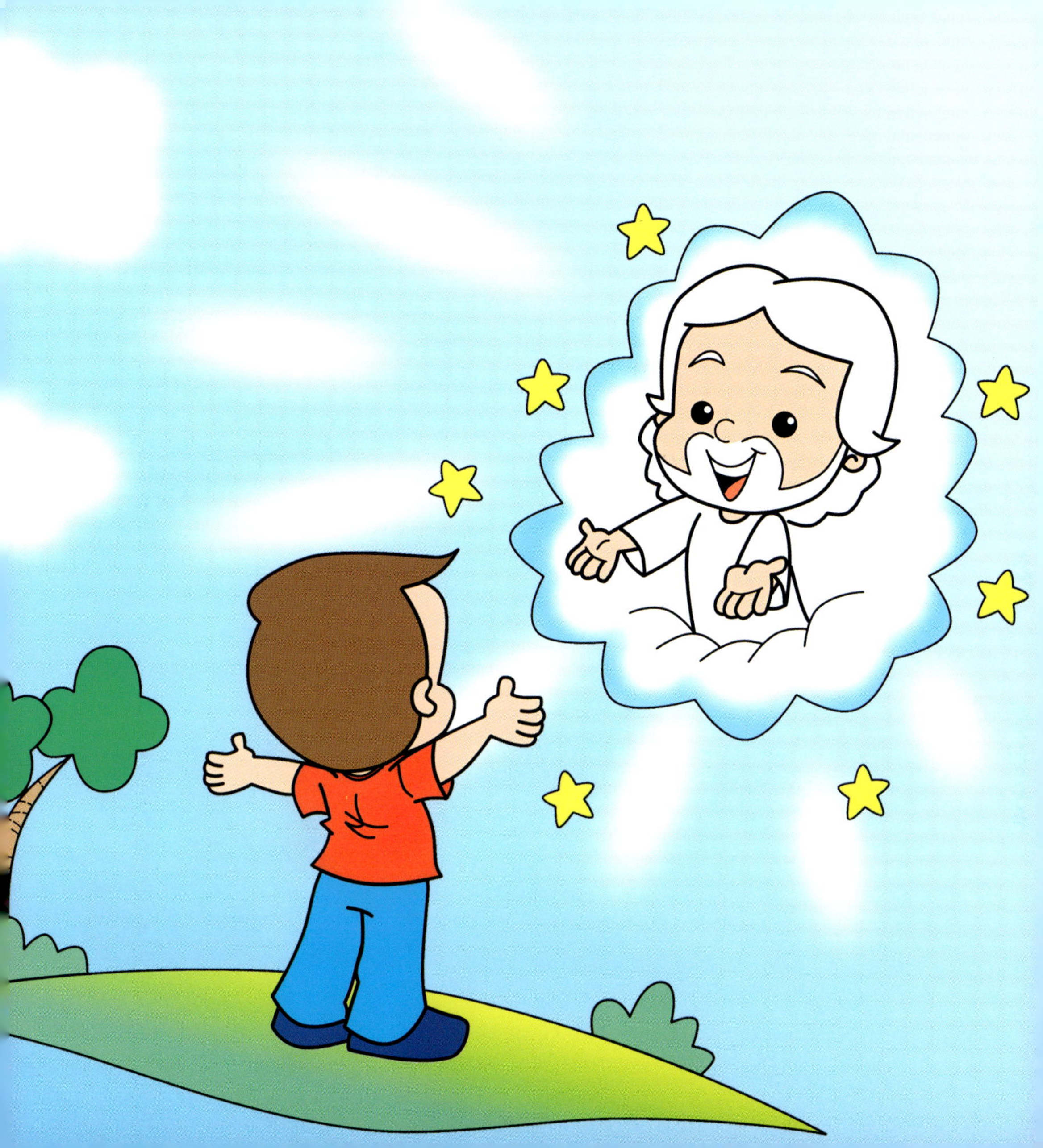

Ave-Maria

Ave, Maria, cheia de graça, o Senhor é convosco, bendita sois vós entre as mulheres e bendito é o fruto do vosso ventre, Jesus. Santa Maria, Mãe de Deus, rogai por nós, pecadores, agora e na hora de nossa morte. Amém.

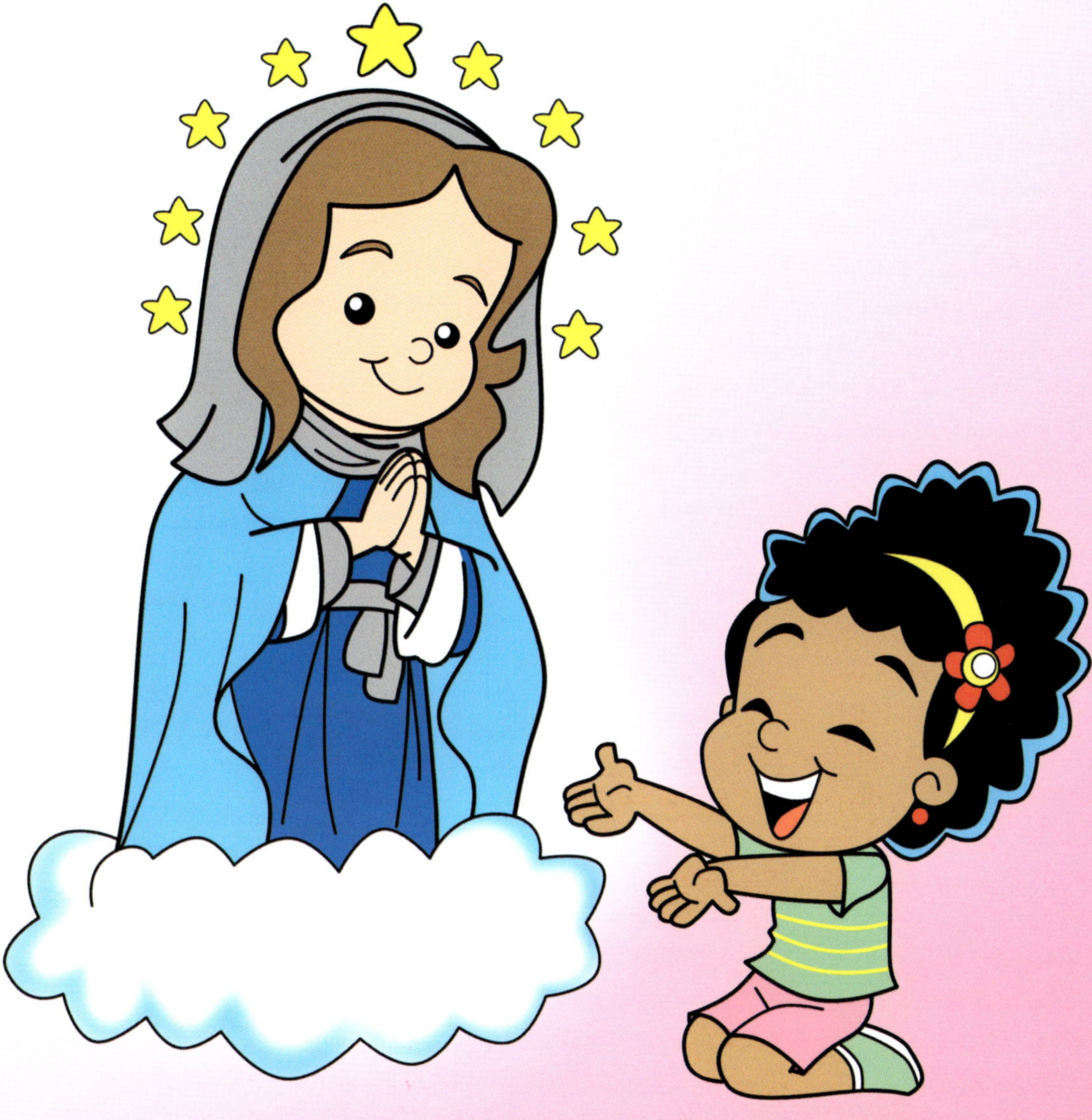

Glória ao Pai

Glória ao Pai, ao Filho e ao Espírito Santo, como era no princípio, agora e sempre. Amém.

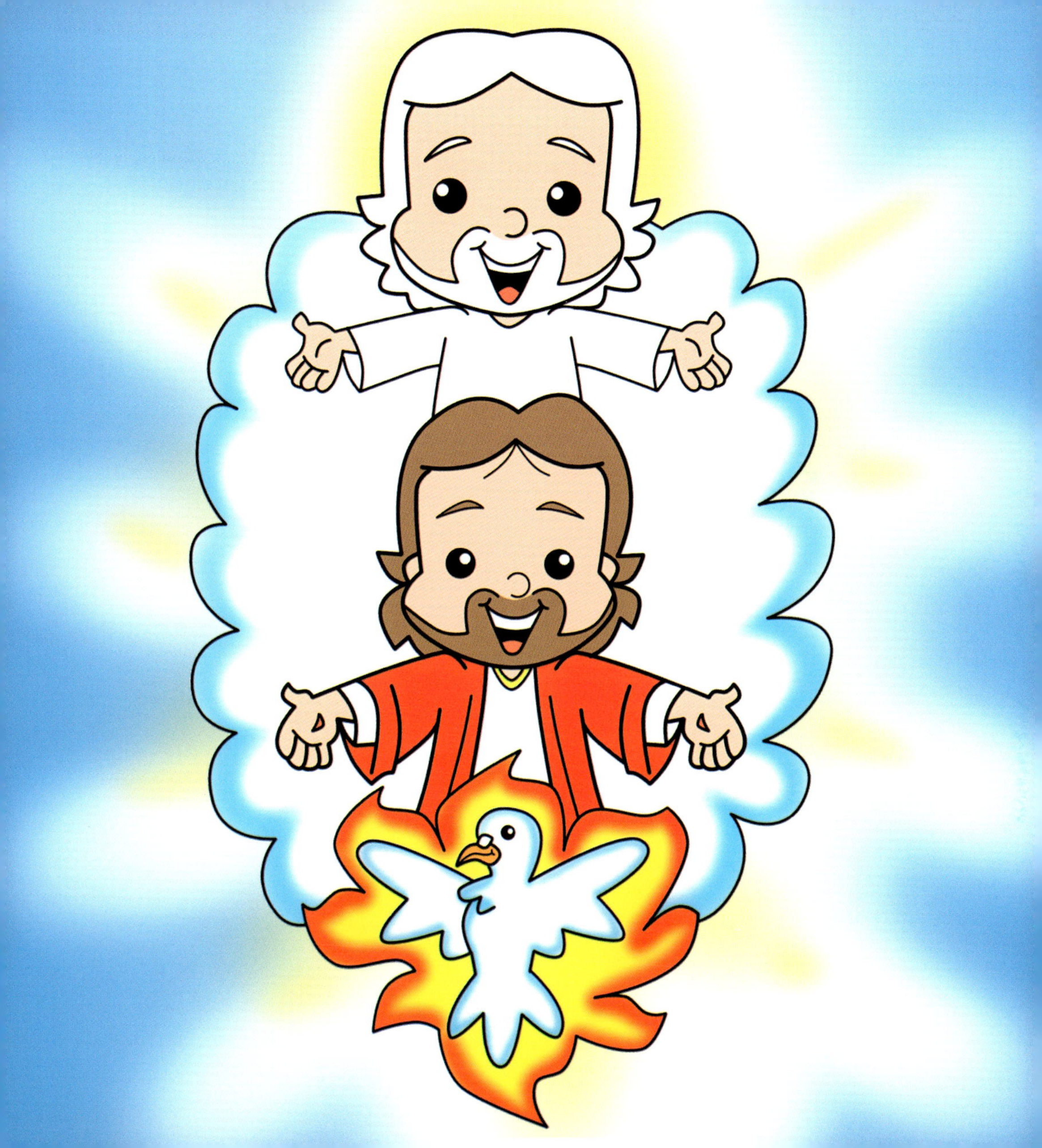

Ângelus

O anjo do Senhor anunciou a Maria.

– **E ela concebeu do Espírito Santo.** Ave, Maria...

– Eis aqui a serva do Senhor.

– **Faça-se em mim segundo a vossa palavra.** Ave, Maria...

– E o verbo divino se fez carne.

– **E habitou entre nós.** Ave, Maria...

– Rogai por nós, santa Mãe de Deus,

– **para que sejamos dignos das promessas de Cristo. Amém!**

Oremos: Infundi, Senhor, em nossos corações, a vossa graça para que, conhecendo pela anunciação do anjo a encarnação de vosso Filho, cheguemos por sua paixão e cruz à glória da ressurreição. Pelo mesmo Cristo, Senhor nosso. Amém.

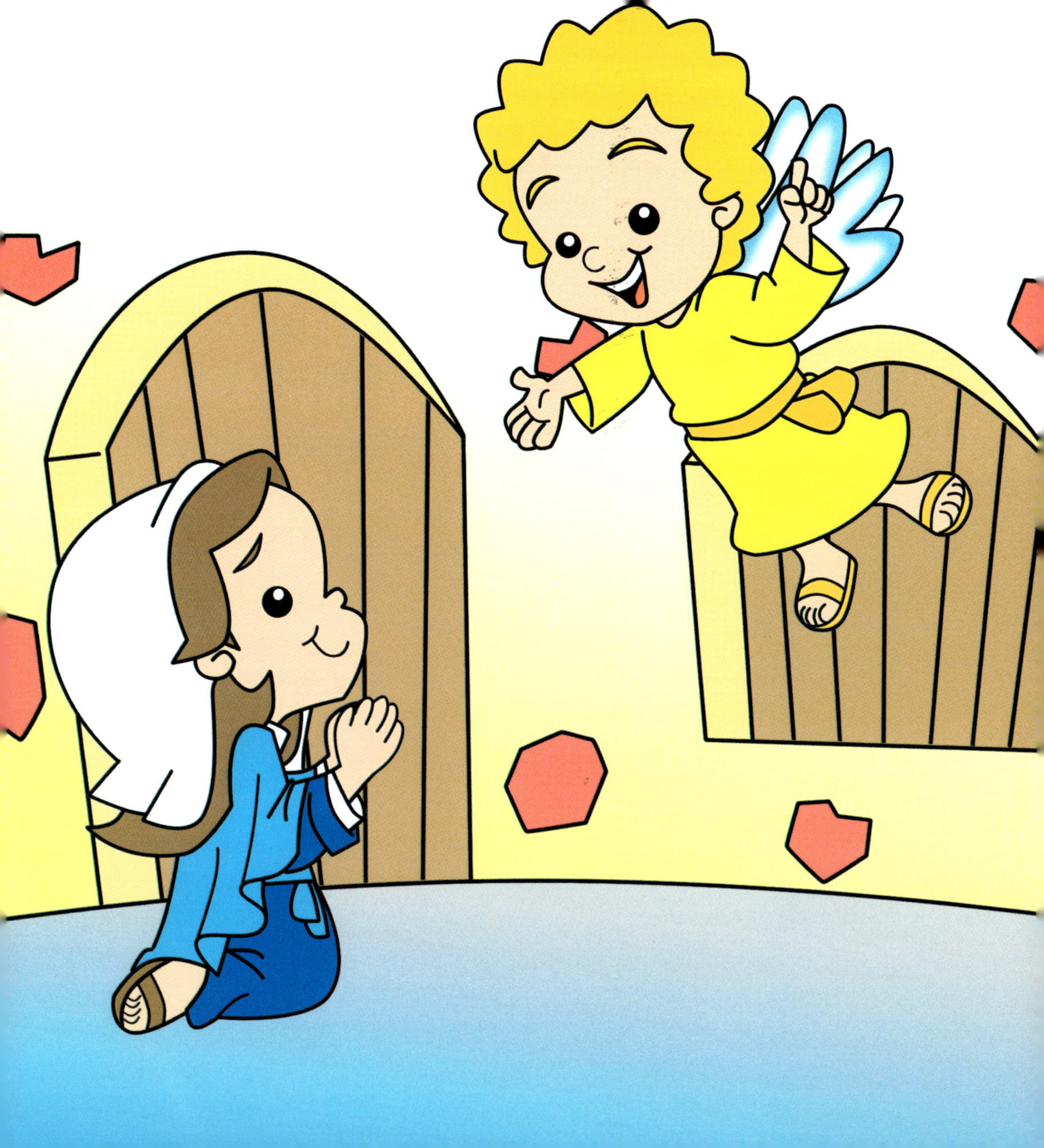

Rainha do Céu

(Para o tempo da Páscoa)

– Rainha do Céu, alegrai-vos, aleluia!

– **Porque quem merecestes trazer em vosso puríssimo seio, aleluia, ressuscitou como disse, aleluia! Rogai a Deus por nós, aleluia!**

– Exultai e alegrai-vos, ó Virgem Maria! Aleluia!

– **Porque o Senhor ressuscitou verdadeiramente. Aleluia!**

Oremos: Ó Deus, que vos dignastes alegrar o mundo com a Ressurreição do vosso Filho Jesus Cristo, Senhor nosso, concedei-nos, nós vos suplicamos, que por sua Mãe, a Virgem Maria, alcancemos as alegrias da vida eterna. Por Cristo, nosso Senhor.

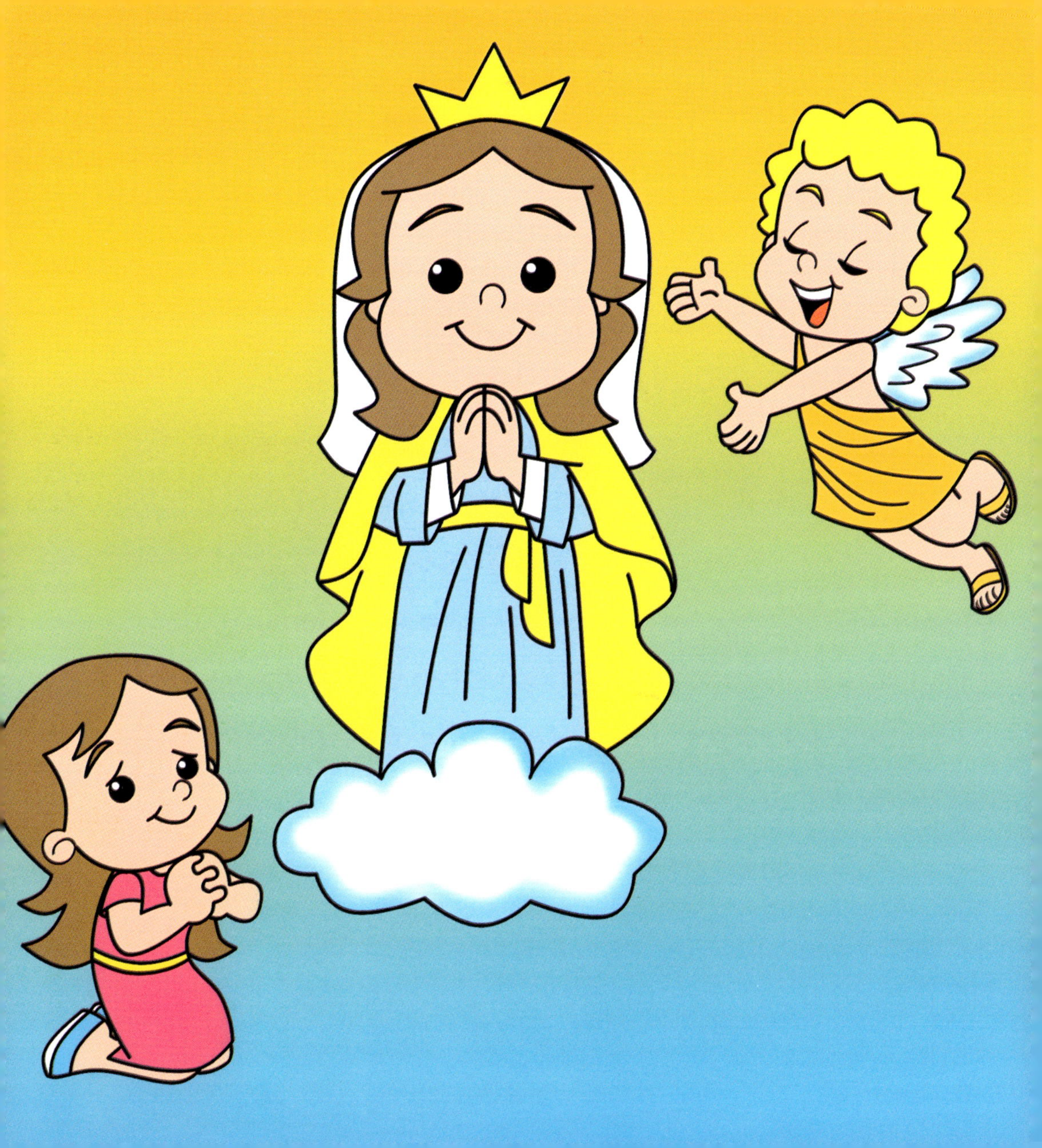

Creio

Creio em Deus Pai todo-poderoso, criador do céu e da terra, e em Jesus Cristo, seu único filho, nosso Senhor, que foi concebido pelo poder do Espírito Santo; nasceu da Virgem Maria; padeceu sob Pôncio Pilatos, foi crucificado, morto e sepultado. Desceu à mansão dos mortos, ressuscitou ao terceiro dia, subiu aos céus; está sentado à direita de Deus Pai todo-poderoso, donde há de vir a julgar os vivos e os mortos. Creio no Espírito Santo; na Santa Igreja Católica; na comunhão dos santos; na remissão dos pecados; na ressurreição da carne; na vida eterna. Amém.

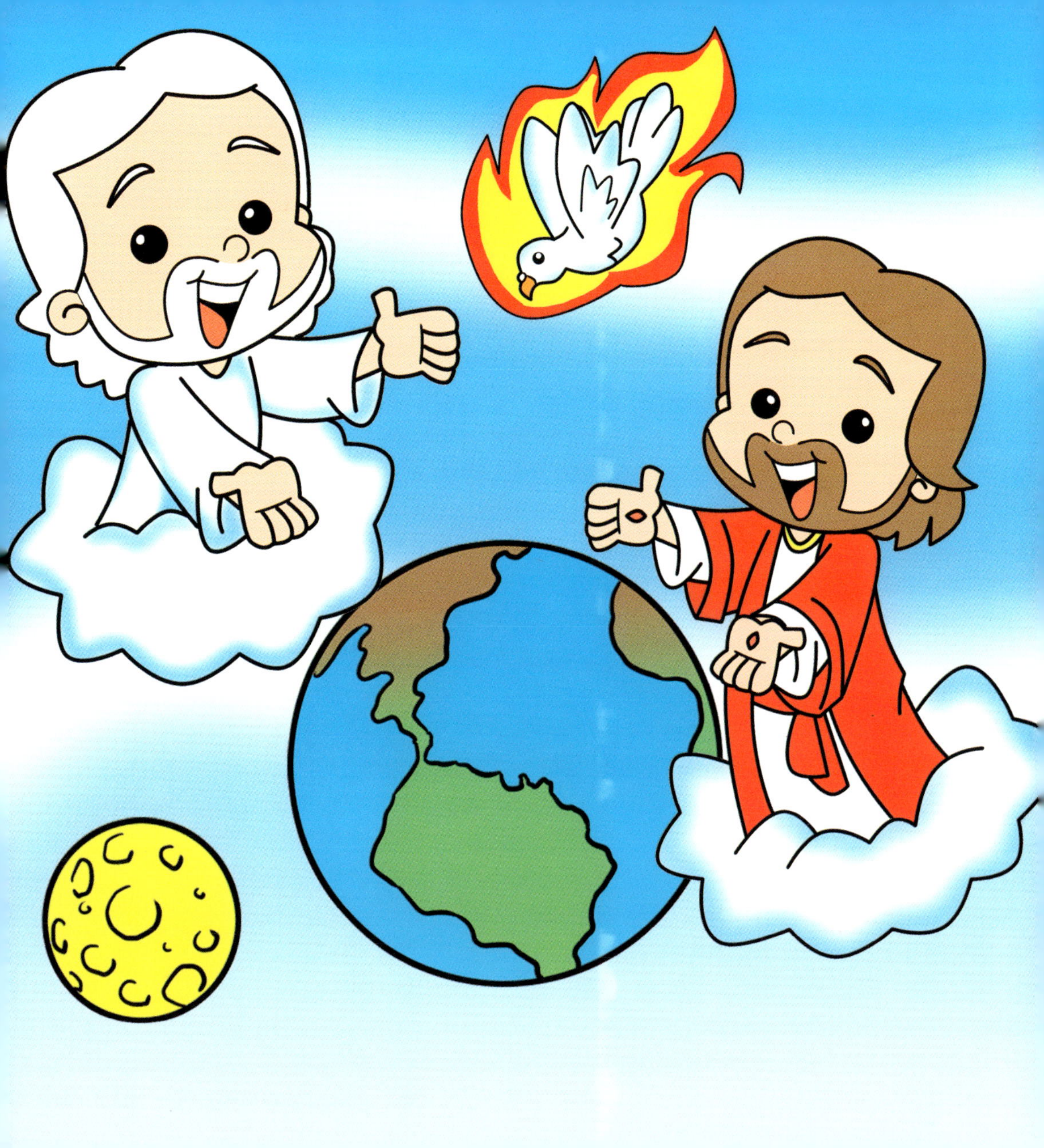

Invocação ao Espírito Santo

Vinde, Espírito Santo, enchei os corações dos vossos fiéis e acendei neles o fogo do vosso amor. Enviai o vosso Espírito, e tudo será criado, e renovareis a face da terra.

Oremos: Ó Deus, que instruístes os corações dos vossos fiéis com a luz do Espírito Santo, fazei que apreciemos retamente todas as coisas, segundo o mesmo Espírito, e gozemos sempre da sua consolação. Por Cristo, Senhor nosso. Amém.

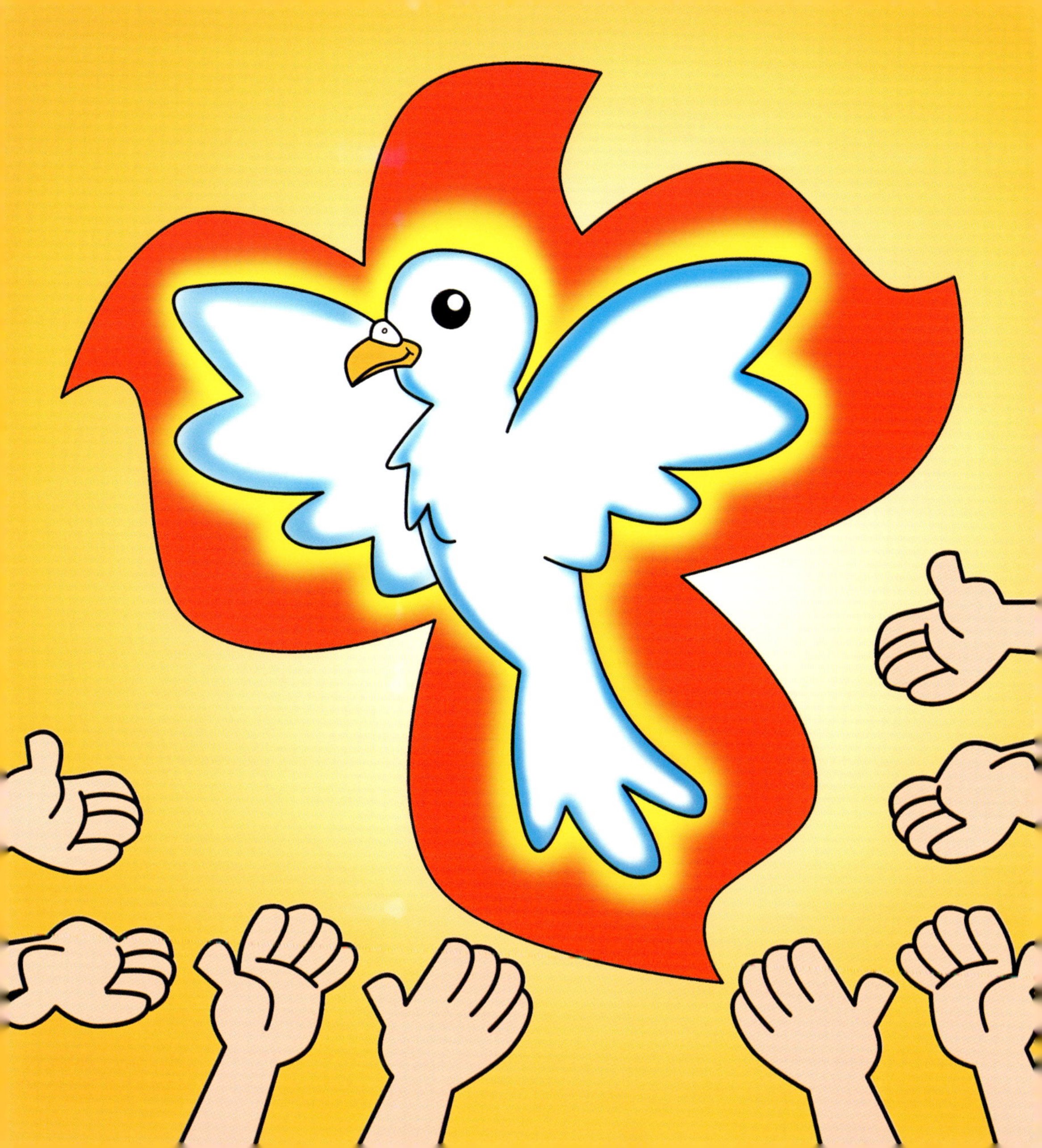

Salve-Rainha

Salve, Rainha, Mãe de misericórdia, vida, doçura e esperança nossa, salve! A vós bradamos, os degredados filhos de Eva; a vós suspiramos, gemendo e chorando neste vale de lágrimas. Eia, pois, Advogada nossa, esses vossos olhos misericordiosos a nós volvei e depois deste desterro mostrai-nos Jesus, bendito fruto do vosso ventre, ó clemente, ó piedosa, ó doce sempre Virgem Maria! Rogai por nós, Santa Mãe de Deus, para que sejamos dignos das promessas de Cristo. Amém.

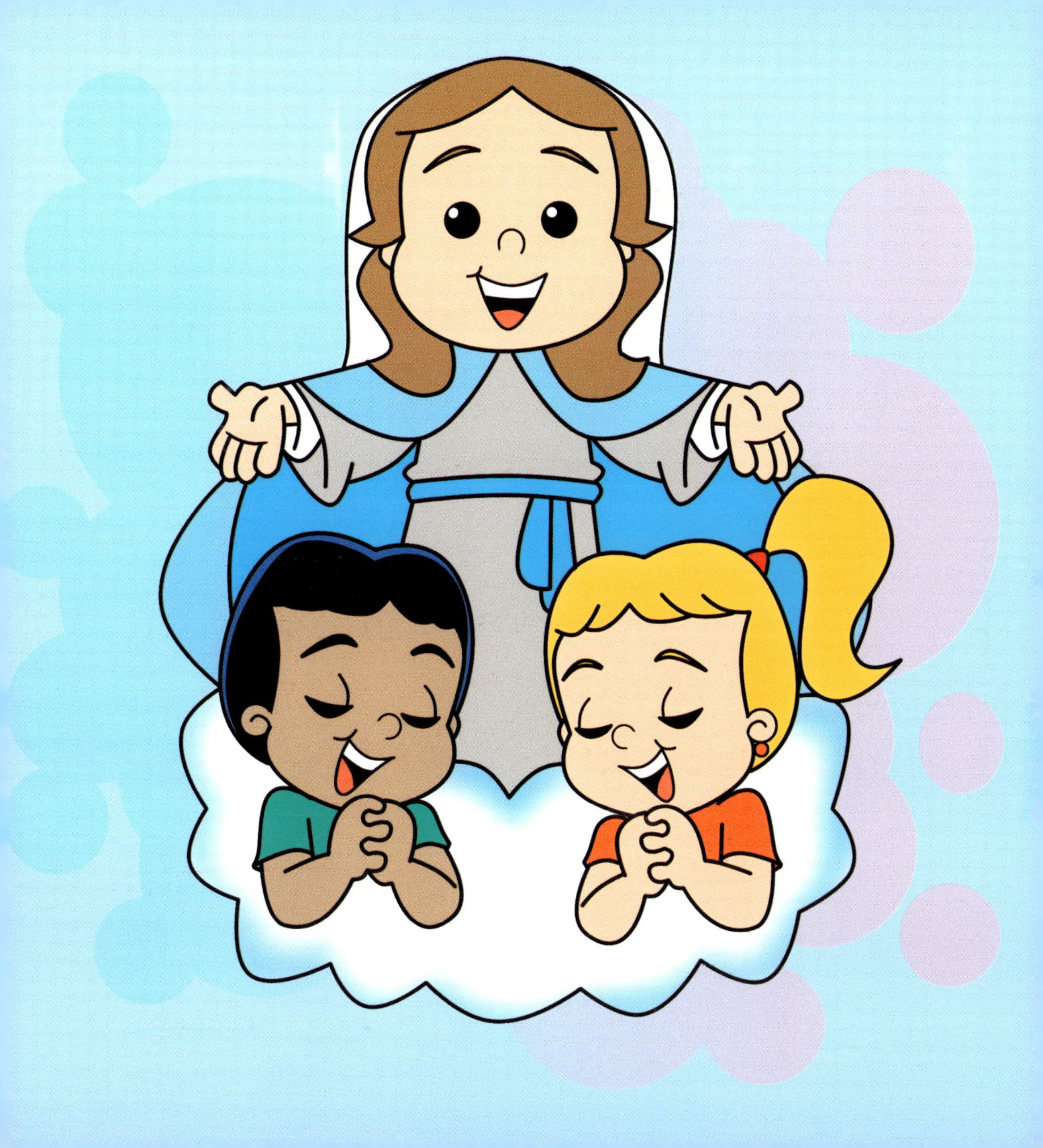

Oração ao Anjo da Guarda

Santo Anjo do Senhor, meu zeloso guardador, se a ti me confiou a piedade divina, sempre me rege, guarda, governa e ilumina. Amém.

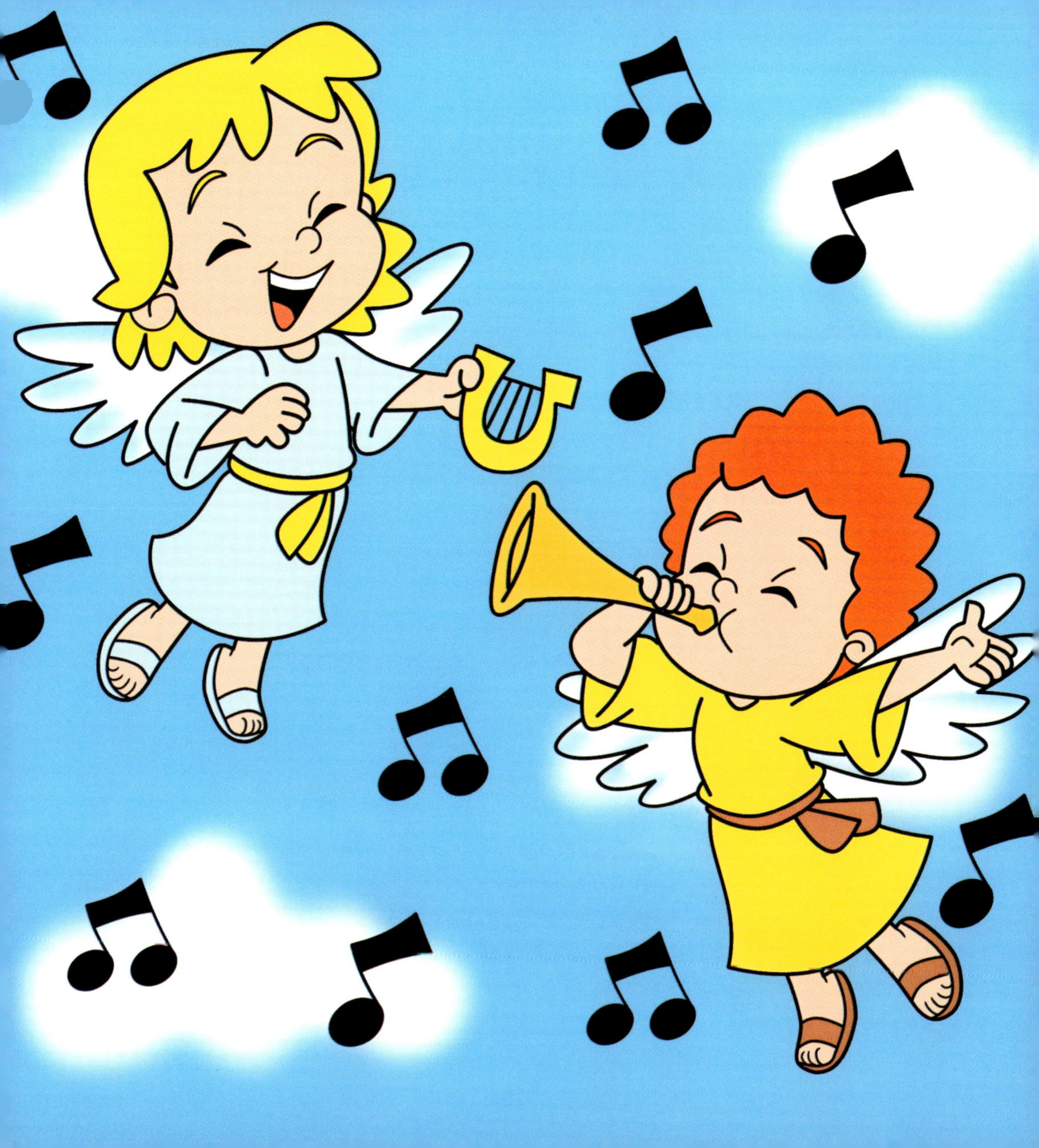

Os mandamentos da Lei de Deus

1. Amar a Deus sobre todas as coisas.
2. Não tomar seu santo nome em vão.
3. Guardar os domingos e dias santos.
4. Honrar pai e mãe.
5. Não matar.
6. Não pecar contra a castidade.
7. Não roubar.
8. Não levantar falso testemunho.
9. Não desejar a mulher (ou o marido) do próximo.
10. Não cobiçar as coisas alheias.

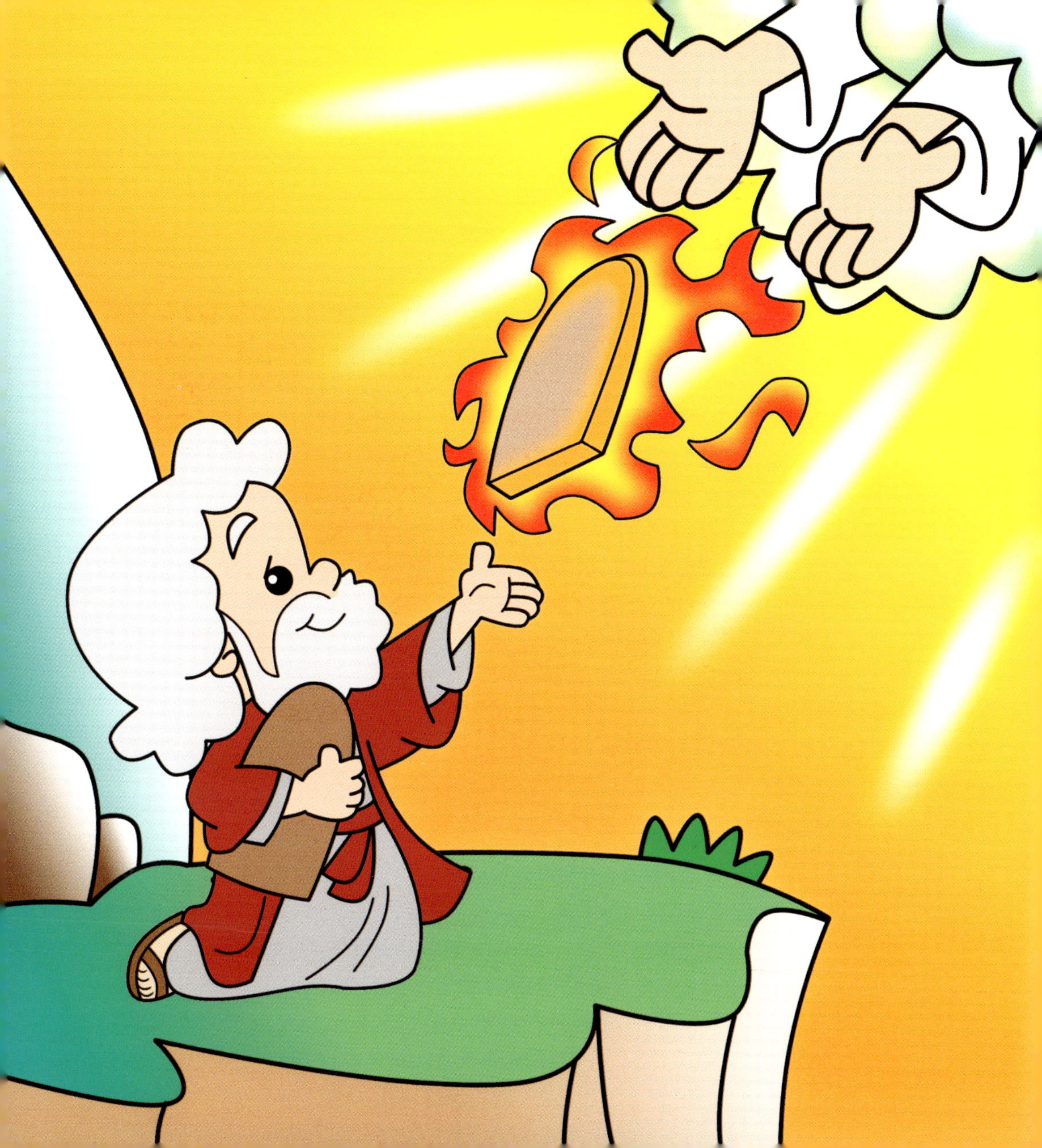

Procure guardar em seu coração

1. Lembre-se de ir à Missa ou à Celebração da Palavra. Jesus merece nosso amor!

2. Lembre-se de sua Catequese, em que você aprendeu as coisas bonitas de Jesus!

3. Ame seus professores e catequistas, sua família e as pessoas que ajudam você na vida!

4. Respeite sempre os mais idosos, que merecem seu carinho e atenção!

5. Lembre-se de falar com Jesus, todos os dias!

6. Lembre-se de falar com Nossa Senhora, pois foi ela que nos deu Jesus!

7. Obedeça a seus pais e faça tudo o que eles lhe pedirem!

8. Tenha sempre muitos amigos bem perto de você!

9. Não siga nenhuma vez o mau caminho e o mau exemplo!

10. Você só pode ser feliz amando muito a Deus, sua família, seus coleguinhas!

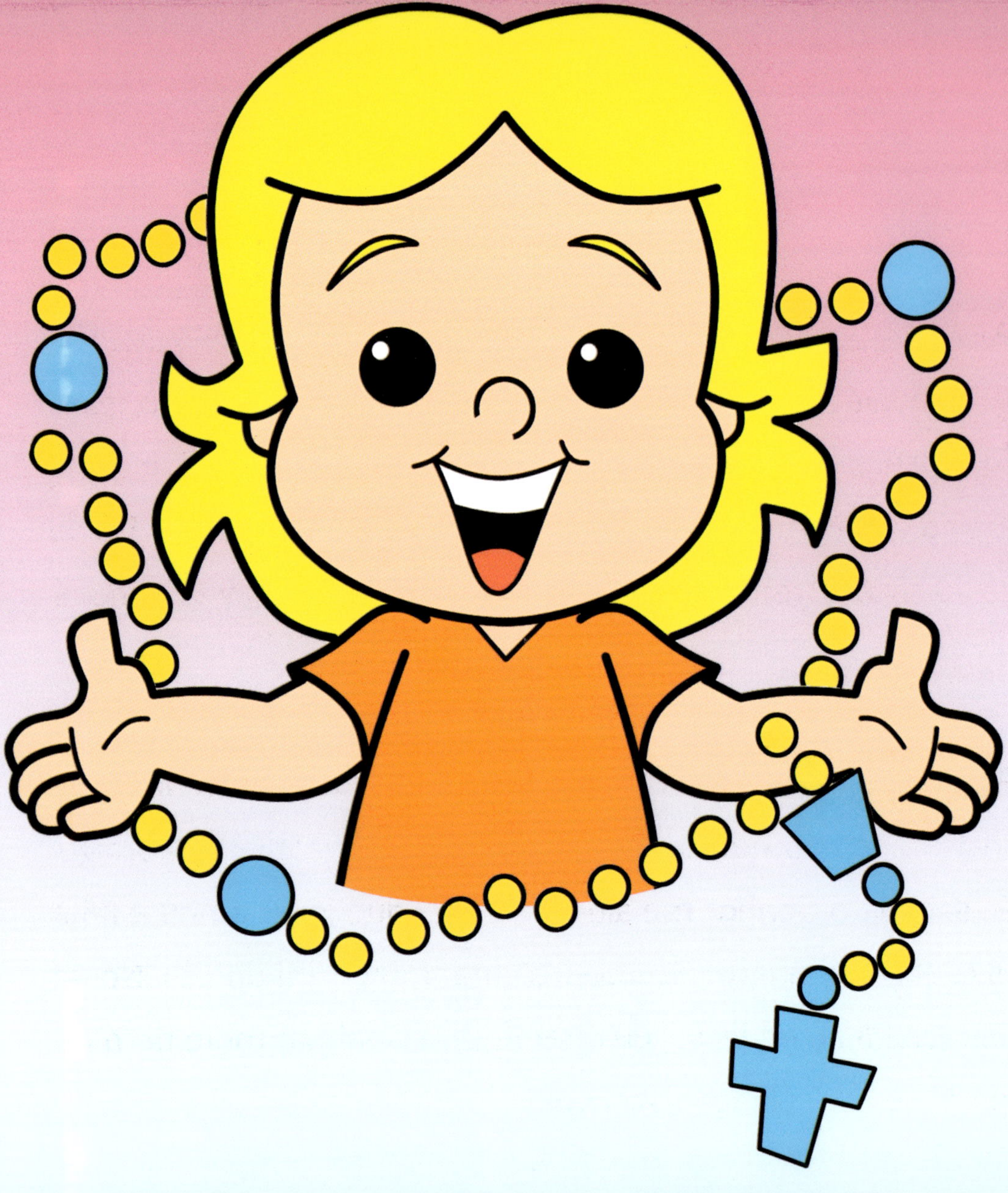

Oração do Terço

Oração inicial do Terço

Pai do céu, eu agora vou rezar o terço, porque eu tenho muita fé e gosto muito do Senhor. Também amo muito a Jesus, seu Filho, que o Senhor nos deu para nos salvar. Quero também, Pai do céu, que seu Espírito Santo me ajude a viver, com alegria, o amor e a paz. Pai do céu, eu não sei rezar direito ainda, mas aceite minha oração. Amém!

Oração final do Terço

Pai do céu, eu procurei rezar com toda fé de meu coração de criança. Espero que o Senhor tenha ficado contente comigo. Eu sei que o Senhor me ajuda muito e que Jesus amou e ama as crianças. Por isso, eu o quero amar muito, Pai do céu. Nossa Senhora, Mãe de Jesus, eu quero que a Senhora more bem no fundo de meu coração. Amém!

Mistérios da alegria

Rezar a oração inicial do terço (p. 79)

1º Mistério

O Anjo de Deus trouxe a notícia a Maria, que morava em Nazaré, de que ela era a escolhida entre todas as mulheres para ser a Mãe de Jesus. E ela fez tudo conforme a vontade de Deus.

Maria, você é minha mãezinha do céu. A Mãe mais querida de toda a terra. As pessoas gostam muito da Senhora porque é bendita entre todas as mulheres. Eu gosto muito da Senhora, porque me trouxe de presente Jesus. Esse foi o maior presente que eu e todas as pessoas da terra ganhamos. Obrigado, Nossa Senhora, por ter dito Sim a Deus.

– Eu quero amar muito a Deus, do jeito de Nossa Senhora!

– Eu quero fazer tudo o que Deus me ensinou!

– Eu quero respeitar as pessoas!

– Eu quero ser feliz e fazer felizes os outros!

– Eu quero ter um coração bonito como o de Nossa Senhora!

Rezar: Pai-nosso, dez Ave-Marias e Glória ao Pai.

2º Mistério

Depois que Nossa Senhora recebeu a notícia de que seria a mãe de Jesus, foi depressa para a casa de Isabel, sua prima, para ajudá-la, porque ela estava grávida de João Batista.

Ó Mãezinha do céu, como é bonito seu coração, porque é bonito o coração que ama. Seu coração, ó Mãezinha, é muito bonito porque a Senhora foi depressa à casa de Isabel, só para ajudá-la. Por isso que nós gostamos da Senhora, pois vai sempre ao encontro das pessoas e nunca se afasta delas.
– Eu quero ter sempre um coração de criança, que sabe amar, perdoar, acolher e viver em paz com os outros.
– Eu quero ter um bonito coração como o de Nossa Senhora.
– Eu não quero fugir das pessoas, quero sim ajudá-las sempre.
– Eu sei que tenho muito o que aprender e sei que eu quero amar.

– Eu quero ter um coração sincero, fraterno, amigo.

– Mãezinha do céu, aceite meu coração de criança e o ajude a ser feliz.

Rezar: Pai-nosso, dez Ave-Marias e Glória ao Pai.

3º Mistério

Maria e José foram para a cidade de Belém, registrarem lá seus nomes. E lá em Belém, de noite, nasceu Jesus, em uma gruta, e foi colocado em uma manjedoura porque lá não tinha nenhum bercinho.

A coisa mais bonita que aconteceu no mundo foi o nascimento de Jesus. Ele nasceu de Nossa Senhora, e seu pai adotivo era José. Ele nasceu porque o Pai do céu quis que Ele viesse morar na terra e nos salvar. Sem Ele, nenhuma criança, nenhuma pessoa humana irá para o céu nem conhecerá o amor. Quem o ama muito vive feliz, gosta das pessoas e um dia vai para o céu morar eternamente com Ele.

– Eu quero dizer obrigado ao Pai do céu, que nos deu Jesus.

– Eu quero que Jesus também nasça em meu coração todos os dias.

– Eu quero ter bastante amor para com meus coleguinhas.

– Eu quero escutar sempre o que Ele diz e está no Evangelho.

– Eu quero amar do jeito que Ele amou.

Rezar: Pai-nosso, dez Ave-Marias e Glória ao Pai.

4º Mistério

Maria e José foram a Jerusalém e levaram Jesus ao templo, para que o sacerdote o apresentasse a Deus, conforme o costume daquele tempo, e para que Nossa Senhora também se purificasse.

Depois que Jesus nasceu, Nossa Senhora e São José o levaram ao templo. Lá o apresentaram a Deus, por intermédio do sacerdote Simeão. Era assim naquele tempo. Um dia, também papai, mamãe e meus padrinhos me levaram à igreja, e eu recebi o sacramento do batismo. Tornei-me filho de Deus de verdade. Eu sou feliz por ter sido batizado um dia.
– Obrigado, Jesus, pelo batismo que recebi.
– Obrigado, Jesus, pelas crianças que foram batizadas.
– Obrigado, Jesus, pelo papai e pela mamãe e por meus padrinhos.

– Eu sou feliz porque me tornei filho de Deus de verdade.

– Eu sou feliz porque sei que Deus me ama muito.

Rezar: Pai-nosso, dez Ave-Marias e Glória ao Pai.

5º Mistério

Jesus era adolescente e foi com Maria e José para a festa em Jerusalém. Depois, quando estavam voltando, perceberam que Jesus não estava entre eles. Só o encontraram lá no templo, conversando e explicando as coisas do céu para os sábios.

Ninguém pode perder Deus na vida. Perdemos Deus quando não o amamos mais. Isso é muito triste. Sem Deus não temos alegria nenhuma. Eu sei que, quando Maria e José encontraram Jesus, ficaram muito felizes, pois eles o amavam muito. Todos os que encontram Jesus na vida ganham uma alegria que não tem fim. Por isso, eu quero sempre estar bem perto de Jesus.
– Jesus, eu quero que todas as pessoas se encontrem com o Senhor.
– Jesus, eu quero que todas as crianças o amem muito.
– É feliz quem está sempre pertinho de Jesus.

– Eu quero sempre estar pertinho do papai e da mamãe para amá-los muito.
– Jesus, eu não quero nunca ficar longe do Senhor.

Rezar: Pai-nosso, dez Ave-Marias e Glória ao Pai.

Mistérios da Luz

Rezar a oração inicial do terço (p. 79)

1º Mistério

Jesus um dia foi batizado por João Batista. Ele foi batizado com a água do Rio Jordão, porque era assim que João Batista realizava o batismo.

Jesus se fez batizar por João no Rio Jordão, onde João Batista fazia muitos batizados de penitência e de conversão. Ele falava que era preciso preparar-se para a chegada do Salvador. E, quando Ele chegasse, todos iriam saber e escutá-lo. Era Jesus, o Filho de Deus.
– Ó Jesus, eu quero respeitar muito o Senhor, como João Batista o respeitou.
– Ó Jesus, eu quero ter muita humildade em minha vida, como João Batista a teve.

– Ó Jesus, eu quero, com minha vida de criança, ser sinal de seu amor.

– Ó Jesus, eu quero amar sempre a verdade e a justiça.

– Ó Jesus, eu quero viver meu batismo com toda a alegria da fé.

Rezar: Pai-nosso, dez Ave-Marias e Glória ao Pai.

2º Mistério

Houve uma festa de casamento em Caná da Galileia e faltou vinho. Nossa Senhora pediu para Jesus, Ele transformou a água em vinho, e foi bonita a festa.

Quando vamos a uma festa, tudo deve estar pronto para que ninguém fique chateado. No meio da festa de casamento em Caná da Galileia, faltou vinho. Por isso Nossa Senhora pediu, com seu amor de mãe, e Jesus transformou a água em vinho. Jesus é o vinho que nos dá vida e salvação.

– Jesus não quer ver ninguém sofrendo ou passando necessidades.
– Quando amamos as pessoas, fazemos de tudo para que elas não sofram.
– Eu quero sempre ajudar as pessoas, como fez Jesus.
– Eu quero ajudar sempre meus coleguinhas e quero bem a todos eles.

– Eu não vou ficar triste, porque eu sei que Jesus me ama muito.

Rezar: Pai-nosso, dez Ave-Marias e Glória ao Pai.

3º Mistério

Jesus saiu por todos os lugares, dizendo para as pessoas que o Reino já havia chegado e que era preciso elas se converterem.

No tempo de Jesus, as pessoas estavam esperando que o Reino de Deus viesse e salvasse a todos. Então, na hora certa, Jesus começou a falar para todas as pessoas que o Reino já havia chegado, que estava no meio deles e que era preciso abrir e mudar o coração para recebê-lo. O Reino é a presença de Jesus no meio de nós.

– Eu quero que o Reino de Deus more dentro de mim e no coração das pessoas.

– Nem gente grande nem gente pequena são felizes sem Deus e sem o Reino.

– Todas as crianças precisam gostar de Jesus, pois Ele gosta de todas as crianças.

– Eu quero viver com muita boa vontade o amor de Jesus.

– Eu quero que papai, mamãe e todas as pessoas pertençam ao Reino de Deus.

Rezar: Pai-nosso, dez Ave-Marias e Glória ao Pai.

4º Mistério

Jesus subiu a um monte com três discípulos: Pedro, Tiago e João. E diante deles se transfigurou tomando a forma de um corpo ressuscitado.

A transfiguração foi o momento em que Jesus ficou de um jeito diferente. Os discípulos ficaram muito felizes por ver tudo o que aconteceu com Jesus, por isso não queriam mais sair dali. Mas Jesus falou para eles que era preciso descer da montanha e ir falar das coisas do Reino para todo o povo.
– Todas as pessoas que vivem o amor são transfiguradas.
– As crianças que amam Jesus de todo o coração são transfiguradas.
– Jesus mostrou para nós que Ele é a verdade do céu.
– Quando praticamos a caridade, o bem e a paz nos transfiguram.

– Ninguém pode viver sozinho, pois é com os outros que somos felizes.

Rezar: Pai-nosso, dez Ave-Marias e Glória ao Pai.

5º Mistério

Antes de Jesus passar pela paixão e morte, Ele reuniu-se com os discípulos; com eles, celebrou a Eucaristia, a missa, e pediu que eles fizessem a mesma coisa que Ele fez.

Foi Jesus quem instituiu a Eucaristia, isto é, Ele a rezou pela primeira vez. A partir daquele momento, nunca mais ela deixou de ser celebrada no mundo. A missa é Jesus morrendo e ressuscitando no altar para nos dar a salvação. Por isso, devemos sempre ir à missa, porque ela é sacramento do Reino de Deus.
– Eu quero ir à missa cada vez mais e sempre que eu puder.
– Eu quero que o papai e a mamãe nunca deixem de ir à missa.
– A missa é a melhor oração que a criança e o adulto podem fazer.
– É o padre quem reza a missa, mas nós todos rezamos com ele.
– A criança vai à missa e reza de um jeito que Jesus gosta muito.
Rezar: Pai-nosso, dez Ave-Marias e Glória ao Pai.

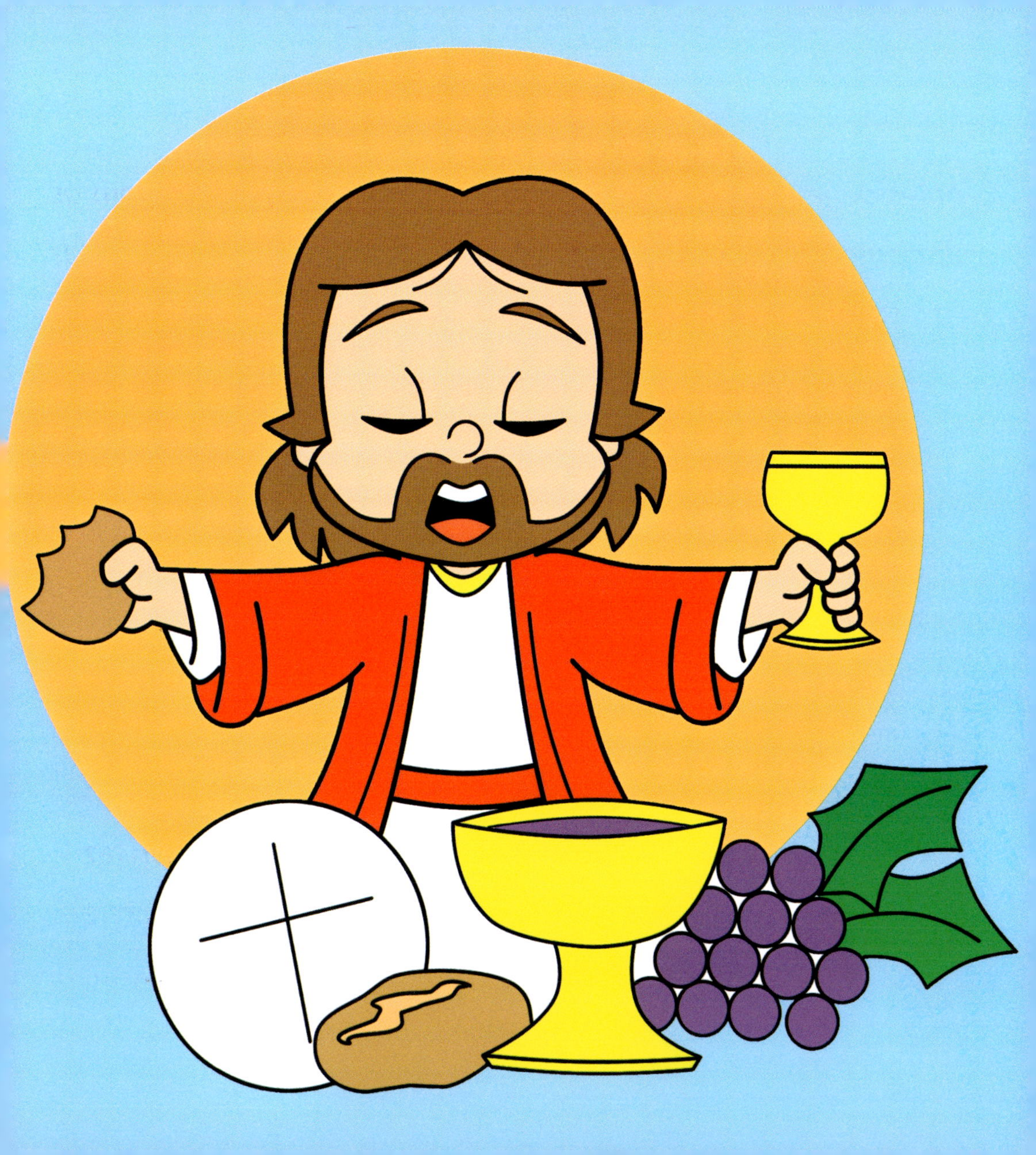

Mistérios das dores de Jesus

Rezar a oração inicial do terço (p. 79)

1º Mistério

Jesus ficou em oração ao Pai do céu. Ele sentiu tudo o que iria acontecer com Ele. Pediu para o Pai do céu livrá-lo daquela hora, mas Ele queria, em primeiro lugar, fazer a vontade do Pai.

Jesus sentiu tudo o que Ele ia sofrer por amor a nós. Estava, no Jardim das Oliveiras, rezando ao Pai do céu, muito angustiado. E Jesus pediu que, em primeiro lugar, fosse feita a vontade do Pai do céu. Assim, para nossa salvação, Ele assumiu todo o sofrimento.
– Jesus, o Senhor sofreu muito para nos salvar, porque seu amor era muito maior que sua dor.

– Jesus, as pessoas sofrem muito no mundo por causa das injustiças e do pecado.

– Jesus, eu quero respeitar o Senhor sempre em minha vida, como meu Redentor.

– Eu não quero fazer as pessoas sofrerem, quero amá-las do jeito do Senhor.

– Jesus, que meu coração seja sempre cheio de amor como seu Coração.

Rezar: Pai-nosso, dez Ave-Marias e Glória ao Pai.

2º Mistério

Depois que Jesus foi preso, flagelaram seu corpo inteiro e judiaram muito dele. A noite inteira foi de muito sofrimento.

Aqueles soldados malvados judiaram muito de Jesus. Bateram nele, fizeram feridas em seu corpo santo com as chicotadas que lhe deram. Mas Jesus sofreu calado, não falou nada contra eles. Sofreu em silêncio, porque pensou em seu amor por nós e não fugiu do sofrimento para nos salvar.

– Jesus, seu sofrimento continua por causa daqueles que pensam e fazem maldades para as pessoas no mundo.

– Eu quero viver fazendo o bem para as pessoas e, assim, ser feliz.

– Eu quero que o amor esteja sempre presente em mim, para eu amar e perdoar às pessoas.

– Eu sei que, quando ofendemos as pessoas, ofendemos o amor que Jesus nos deu e nos deixou.

– Jesus, ajude todas as crianças para que elas tornem o mundo mais bonito.

Rezar: Pai-nosso, dez Ave-Marias e Glória ao Pai.

3º Mistério

Apesar de todo o sofrimento de Jesus não tiveram pena e colocaram sobre sua cabeça uma coroa de espinhos, só porque Ele falou que era o Rei dos judeus.

Fizeram uma maldade muito grande com Jesus: colocaram em sua cabeça uma coroa de espinhos, só porque Ele disse que era o Rei dos judeus. Ficaram com medo de perder o poder, mas Jesus é um Rei diferente: Ele é o Salvador da humanidade. Ele não veio para brincar conosco, mas para nos dar a vida e nos dar o céu.

– Jesus sofreu muito por amor a mim, porque além de tudo colocaram em sua cabeça a coroa de espinhos.

– Eu não quero fazer maldade com nenhuma pessoa, nem com qualquer ser vivo.

– Eu quero entender as pessoas e com elas conversar para descobrir o que há de bom dentro delas.

– Eu quero que minha vida seja muito bonita e eu viva em paz porque procurarei amar sempre as pessoas.

– Eu sei que é o bem e o amor que vão vencer toda a maldade deste mundo.

Rezar: Pai-nosso, dez Ave-Marias e Glória ao Pai.

4º Mistério

O povo que assistia ao julgamento de Jesus gritou: "Crucifica-o". E então puseram sobre os ombros dele uma cruz, para que Ele a carregasse até o calvário.

Para aumentar o sofrimento de Jesus, colocaram em seus ombros uma pesada cruz. E Ele, cheio de amor, começou a carregá-la rumo ao calvário. A cruz foi machucando o ombro de Jesus. Ele caiu várias vezes, mas se levantou. O sofrimento foi aumentando porque suas forças foram diminuindo. Ele já tinha sofrido a noite inteira. Outra vez Ele estava em silêncio.
– Eu quero sempre me lembrar de que Jesus é o melhor amigo que tenho.
– Ele me ama e carregou a cruz que os malvados colocaram em seus ombros.

– Mesmo sofrendo, Ele não rejeitou a cruz porque queria dar a vida por amor a mim.

– Só quem é egoísta não vê o tamanho do amor de Jesus por todos nós.

– Como Jesus, eu quero ajudar sempre as pessoas e os colegas que precisarem de mim.

Rezar: Pai-nosso, dez Ave-Marias e Glória ao Pai.

5º Mistério

Jesus está pregado na cruz. Quanta dor, quanto sofrimento! Ele pediu perdão por aqueles que o estavam assassinando. E morreu em paz, fiel ao Pai do céu.

Jesus está no alto do calvário; tiraram sua roupa e o pregaram na cruz. Depois de três horas de sofrimento, Ele não aguentou mais e morreu. Nossa Senhora o acolheu em seus braços. Os malvados ficaram felizes porque o Filho de Deus estava morto. Eles pensavam que tinham vencido Deus, mas se enganaram, porque Jesus ressuscitou, vencendo a morte.

– Ó Jesus, perdoe o pecado deles, que fizeram tanta maldade com o Senhor.

– Ó Jesus, que todas as crianças do mundo o reconheçam como nosso irmão e nosso Senhor.

– Ó Jesus, eu quero que o papai e a mamãe o amem muito.

– Ó Jesus, eu não quero ser uma criança deseducada e desrespeitosa.

– Ó Jesus, eu sei que sua morte me deu a vida para sempre.

Rezar: Pai-nosso, dez Ave-Marias e Glória ao Pai.

Mistérios da glória de Jesus e de Nossa Senhora

Rezar a oração inicial do terço (p. 79)

1º Mistério

Jesus ressuscitou! Voltou a viver de novo. Jesus passou pela morte, mas não permaneceu nela. Assim vai acontecer com todos os que têm fé de verdade.

Aqueles que pensaram ter vencido Deus enganaram-se porque o Pai do céu ressuscitou Jesus. Ele voltou a viver em um corpo glorioso. O nosso também será um dia ressuscitado, pois Jesus prometeu isso a todas as pessoas que o amam. Fico feliz em saber que Jesus está vivo, ressuscitado e sempre pertinho de todas as crianças do mundo.

– Jesus, eu sei que, um dia, também vou ressuscitar porque eu amo o Senhor.

– Jesus, eu quero que todas as pessoas o amem muito para que sejam felizes.

– Jesus, eu quero ser uma criança cheia de fé e de amor pelo Senhor.

– Jesus, eu sei que, quando faço as coisas com amor, o Senhor gosta muito.

– Jesus, que o papai, a mamãe e meus irmãos gostem muito do Senhor.

Rezar: Pai-nosso, dez Ave-Marias e Glória ao Pai.

2º Mistério

Um dia, Jesus subiu aos céus, mas não nos abandonou, porque Ele falou que estaria conosco todos os dias. Ele está no céu e na terra ao mesmo tempo, porque é agora ressuscitado.

Depois que Jesus ressuscitou, Ele apareceu aos discípulos para que eles não tivessem medo e acreditassem ainda mais nele. Ele falou para os discípulos não ficarem parados, acomodados, mas falarem para todas as pessoas do mundo todo sobre o Evangelho. Depois, subiu aos céus. Agora, está perto de Deus Pai e, ao mesmo tempo, pertinho de nós.

– Eu quero viver na terra, mas sem me esquecer do céu.

– Jesus, que sua luz me ilumine e a todas as crianças sempre.

– Quero que meu coração seja forte, cheio de fé e de bondade.

– Ninguém é feliz na terra se ficar longe de Jesus e do Pai do céu.

– Jesus, eu quero viver como criança, amando muito o Senhor.

Rezar: Pai-nosso, dez Ave-Marias e Glória ao Pai.

3º Mistério

Jesus cumpriu o que Ele prometeu: mandar o Espírito Santo para os discípulos. Um dia, eles estavam reunidos em oração, e o Espírito Santo veio sobre eles e Nossa Senhora.

Quando Jesus estava aqui na terra, prometeu para os discípulos que, mesmo indo para o céu, não iria, de jeito nenhum, deixá-los sozinhos e que mandaria, de junto do Pai, o Espírito Santo, terceira pessoa da Santíssima Trindade. E foi isto que aconteceu: um dia, os discípulos estavam reunidos, com Nossa Senhora, e sobre eles veio o Espírito Santo, deixando todos muito felizes.
– Espírito Santo, ilumine o coração de todas as pessoas grandes.
– Espírito Santo, ajude todas as pessoas que cuidam dos pobres e dos doentes.
– Espírito Santo, faça com que, em todas as Comunidades, haja muita fraternidade.

– Espírito Santo, guarde a Igreja de Jesus que está no mundo.
– Espírito Santo, guarde, proteja e ajude todas as crianças da terra.

Rezar: Pai-nosso, dez Ave-Marias e Glória ao Pai.

4º Mistério

Nossa Senhora, um dia, foi levada para o céu de corpo e alma. Ela merece estar lá bem junto de Deus, pois é a Mãe de Jesus, Santa e Imaculada, sem mancha, sem pecado.

Nossa Senhora, depois da morte de Jesus, foi morar na casa de um apóstolo. Um dia aconteceu sua Assunção, ou seja, Nossa Senhora foi levada de corpo e alma para o céu. E agora ela está lá, pertinho de Jesus. E, como Jesus, também não nos abandonou, pois é nossa Mãe do céu e nos ajuda a amar muito a Jesus.

– Maria, a Senhora ama muito as crianças como amou Jesus-Criança.

– Maria, nós crianças também gostamos muito da Senhora.

– Maria, nós queremos fazer em nossa vida a vontade de Deus, como a Senhora fez.

– Maria, guarde todas as crianças em seu amor de Mãe, principalmente as doentes.

– Maria, nós crianças nos damos as mãos e seguramos em sua mão carinhosa.

Rezar: Pai-nosso, dez Ave-Marias e Glória ao Pai.

5º Mistério

Maria foi coroada Rainha do céu e da terra. Deus a escolheu, desde toda a eternidade, para fazer parte da obra da salvação, trazendo-nos Jesus.

Maria foi coroada como Rainha do céu e da terra. Não do jeito das rainhas do mundo, mas do jeito de Deus: cheia de amor e de misericórdia para com todas as pessoas do mundo, principalmente para com as crianças. As rainhas da terra têm muitas coisas, mas Nossa Senhora teve muito mais que elas: ela é a Mãe de Jesus. Das coisas da terra ela não tinha nada.
– Maria, a Senhora é Mãe de Jesus e Rainha do céu e da terra.
– Viver do jeito de Nossa Senhora é fazer a vontade de Deus.
– Quando amamos, somos mais felizes.
– Maria viveu na pobreza a maior riqueza: Jesus.

– Eu quero ter um coração e uma vida bem do jeito de Nossa Senhora.

Rezar: Pai-nosso, dez Ave-Marias e Glória ao Pai.

DIN DON

Vou à Missa

Vou à missa porque gosto muito de Jesus e porque sei que Ele deu a vida por mim.

Na missa, Ele se dá no pão, que é Eucaristia; se nos alimentarmos dele, seremos sempre fortes.

As crianças são muito fortes e cheias de vida, porque amam Deus e as pessoas.

Eu vou à missa porque nela se dá a refeição da vida, do amor, da salvação! Amém!

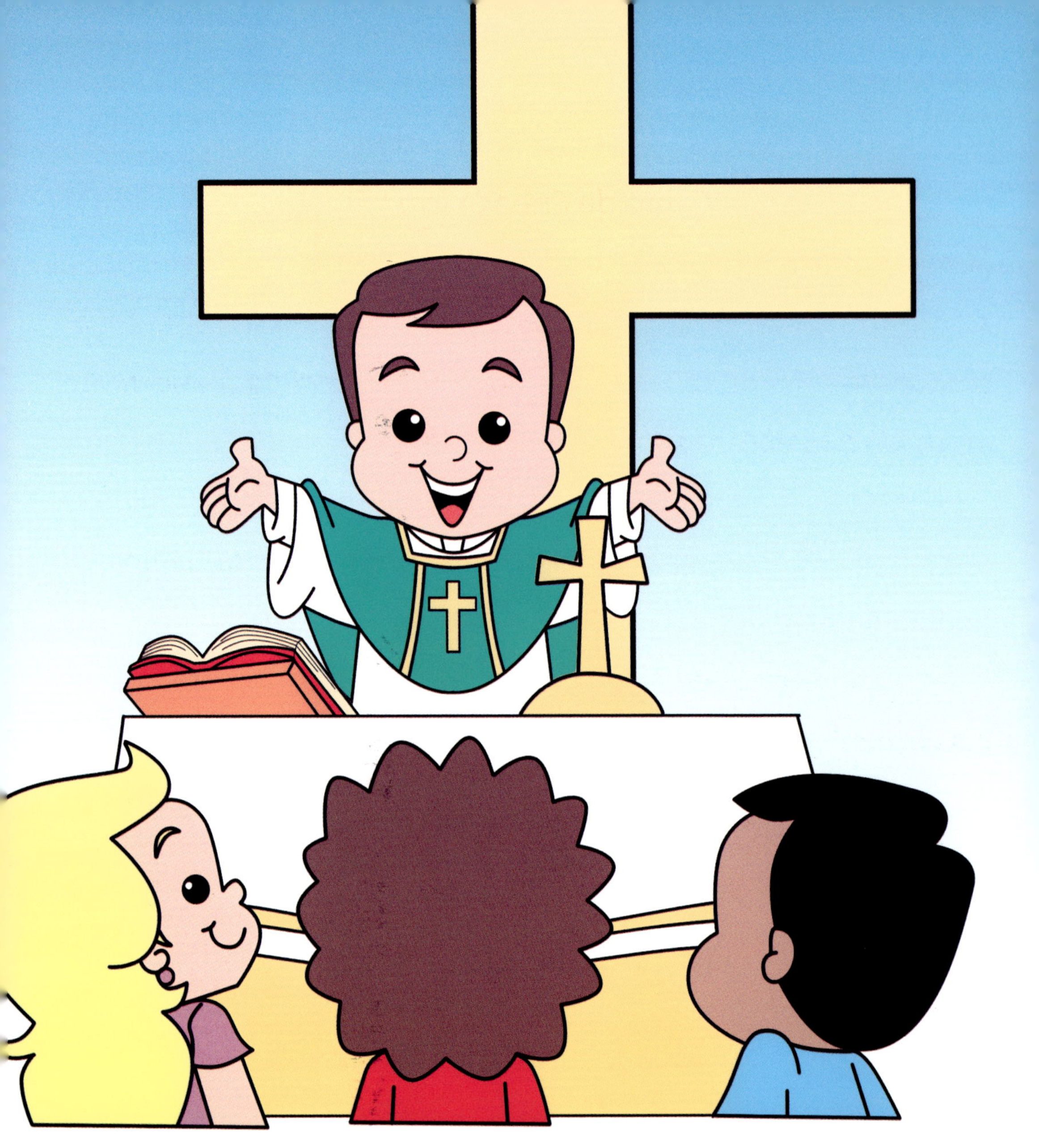

1. Ritos iniciais

Canto de Entrada *(em pé)*

(A missa inicia com o canto de entrada, no qual expressamos nossa alegria, e é recitada a Antífona de Entrada. O sacerdote beija o altar em sinal de veneração e dirige-se ao local da presidência, iniciando a celebração com o sinal da cruz.)

Sacerdote: Em nome do Pai, † do Filho † e do Espírito Santo.

Todos: Amém.

Sacerdote: A graça de Nosso Senhor Jesus Cristo, o amor do Pai e a comunhão do Espírito Santo estejam convosco!

Todos: Bendito seja Deus, que nos reuniu no amor de Cristo.

2. Ato Penitencial

Sacerdote: Irmãos e irmãs, reconheçamos nossas culpas para celebrarmos dignamente os santos mistérios.
(Aqui se faz um breve momento de silêncio para recordação de nossos pecados. Em seguida, todos rezam o ato de confissão dos pecados.)

Sacerdote: Confessemos nossos pecados:
Todos: Confesso a Deus Todo-Poderoso e a vós, irmãos e irmãs, que pequei muitas vezes, por pensamentos e palavras, atos e omissões, por minha culpa, minha tão grande culpa. E peço à Virgem Maria, aos anjos e santos e a vós, irmãos e irmãs, que rogueis por mim a Deus, nosso Senhor.
Sacerdote: Deus Todo-Poderoso, tenha compaixão de nós, perdoe nossos pecados e nos conduza à vida eterna.
Todos: Amém.

Invocações

Sacerdote: Senhor, tende piedade de nós.

Todos: Senhor, tende piedade de nós.

Sacerdote: Cristo, tende piedade de nós.

Todos: Cristo, tende piedade de nós.

Sacerdote: Senhor, tende piedade de nós.

Todos: Senhor, tende piedade de nós.

• Glória

(Este hino [oração] é um canto de louvor à Santíssima Trindade [Pai, Filho e Espírito Santo], entoado sempre aos domingos [exceto no Advento e na Quaresma], em dias de festa e quando previsto na liturgia.)

Sacerdote: Glória a Deus nas alturas.

Todos: E paz na terra aos homens por ele amados. Senhor Deus, Rei dos céus, Deus Pai Todo-Poderoso, nós vos louvamos, nós vos bendizemos, nós vos adoramos, nós vos glorificamos, nós vos damos graças por vossa imensa glória. Senhor Jesus Cristo, Filho unigênito, Senhor Deus, Cordeiro de Deus, Filho de Deus Pai, vós, que tirais o pecado do mundo, tende piedade de nós. Vós, que tirais o pecado do mundo, acolhei a nossa súplica. Vós, que estais à direita do Pai, tende piedade de nós. Só vós sois o Santo, só vós, o Senhor, só vós, o Altíssimo, Jesus Cristo, com o Espírito Santo, na glória de Deus Pai. Amém.

• Oração da Coleta

(Após o canto do Glória, o sacerdote reza a oração do dia, dirigindo-se a Deus em nome de todos.)

Sacerdote: Oremos.

Todos: Amém.

3. Liturgia da Palavra
(Todos ficam sentados.)

Deus fala com seu povo para lhe revelar sua salvação. Ele continua falando a nós hoje; precisamos escutá-lo com atenção.

• Primeira Leitura

(Normalmente é lido um trecho do Antigo Testamento, que narra o que Deus fez e disse antes da vinda de Jesus. O leitor termina dizendo:)

Leitor: Palavra do Senhor.
Todos: Graças a Deus.

• Salmo Responsorial

(Participamos, cantando ou rezando a antífona [versículo de resposta]).

• Segunda Leitura

(Aos domingos, normalmente há uma segunda leitura, tirada das cartas dos apóstolos, escritas para os primeiros cristãos e, portanto, também dirigidas a nós. O leitor termina dizendo:)

Leitor: Palavra do Senhor.
Todos: Graças a Deus.

(Todos ficam em pé.)

• Aclamação ao Evangelho

(Aclamamos Cristo, que nos fala no Evangelho. O versículo é recitado ou proclamado pelo leitor, e, em coro, unimo-nos, respondendo com a aclamação.)

• Evangelho

(Todos ficam em pé.)
(Devemos escutar com muita atenção a mensagem de Jesus.)

Sacerdote: O Senhor esteja convosco!
Todos: Ele está no meio de nós.
Sacerdote: PROCLAMAÇÃO do Evangelho de Jesus Cristo, ✝ segundo...
Todos: Glória a vós, Senhor!
(Terminado o Evangelho, o sacerdote diz:)

Sacerdote: Palavra da Salvação.

Todos: Glória a vós, Senhor!

Homilia

(Todos ficam sentados.)

(O sacerdote nos convida e nos anima a viver segundo os ensinamentos da Palavra de Deus.)

4. Profissão de Fé

(Juntos, rezamos o Credo, para dizer a Deus que nele cremos e que aceitamos, cheios de confiança, sua Palavra.)

Creio em Deus Pai Todo-Poderoso, criador do céu e da terra. E em Jesus Cristo, seu único filho, nosso Senhor, que foi concebido pelo poder do Espírito Santo; nasceu da Virgem Maria; padeceu sob Pôncio Pilatos; foi crucificado, morto e sepultado; desceu *à mansão dos mortos*; ressuscitou ao terceiro dia; subiu aos céus; e está sentado à direita de Deus Pai Todo-Poderoso, donde há de vir a julgar os vivos e os mortos. Creio no Espírito Santo; na Santa Igreja Católica; na comunhão dos santos; na remissão dos pecados; na ressurreição da carne; na vida eterna. Amém.

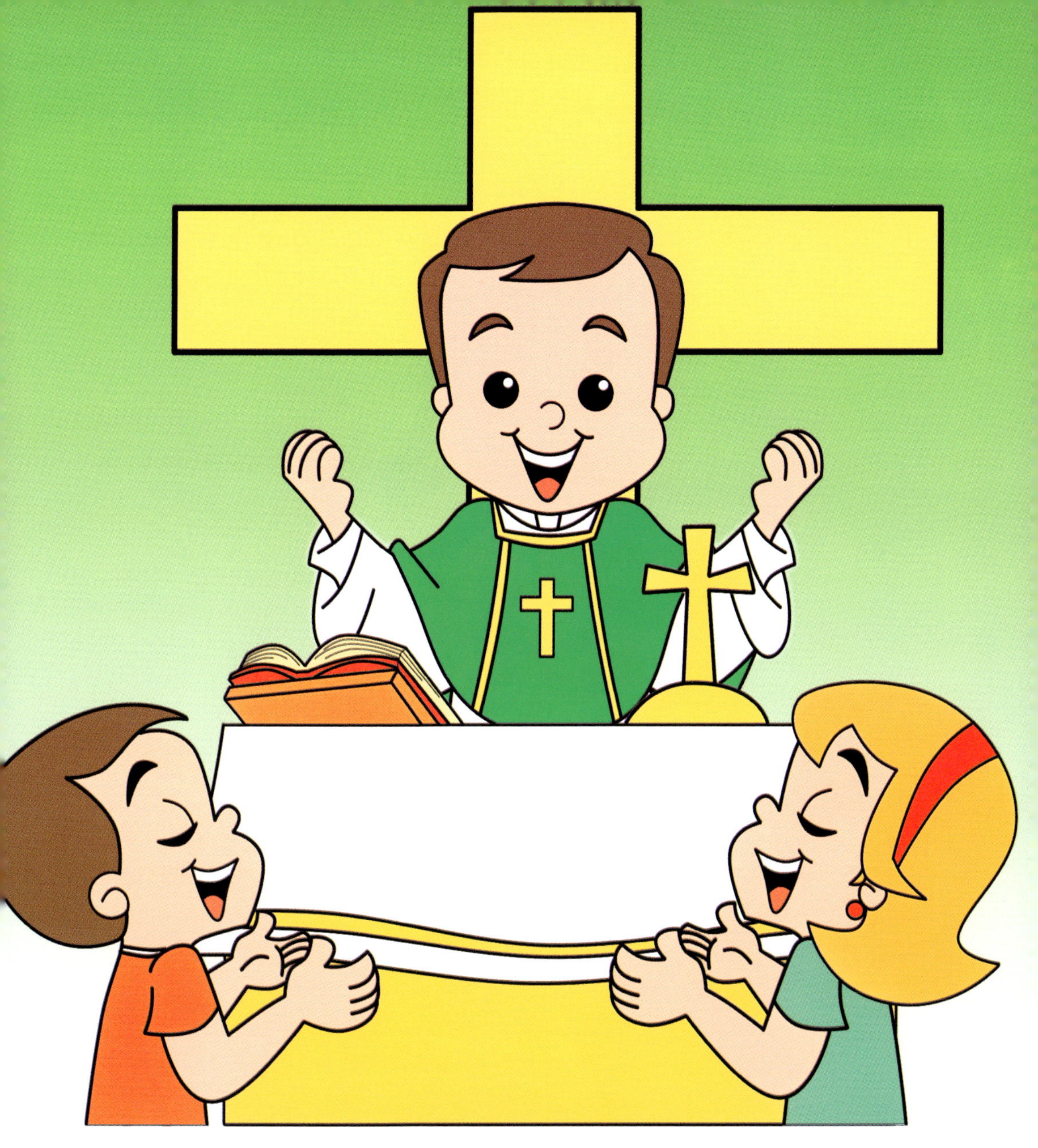

5. Oração da Comunidade

(Nesta oração nos dirigimos a Deus, pedindo-lhe graças e bênçãos para a Igreja, para o mundo, para nossos entes queridos e para nós mesmos. A cada pedido respondemos:)

Todos: Senhor, escutai a nossa prece!

(O sacerdote recita a oração conclusiva, com a qual recolhe todas as intenções expressadas e apresenta-as ao Pai pelos merecimentos de Jesus Cristo. Ao concluir, todos respondem:)

Todos: Amém.

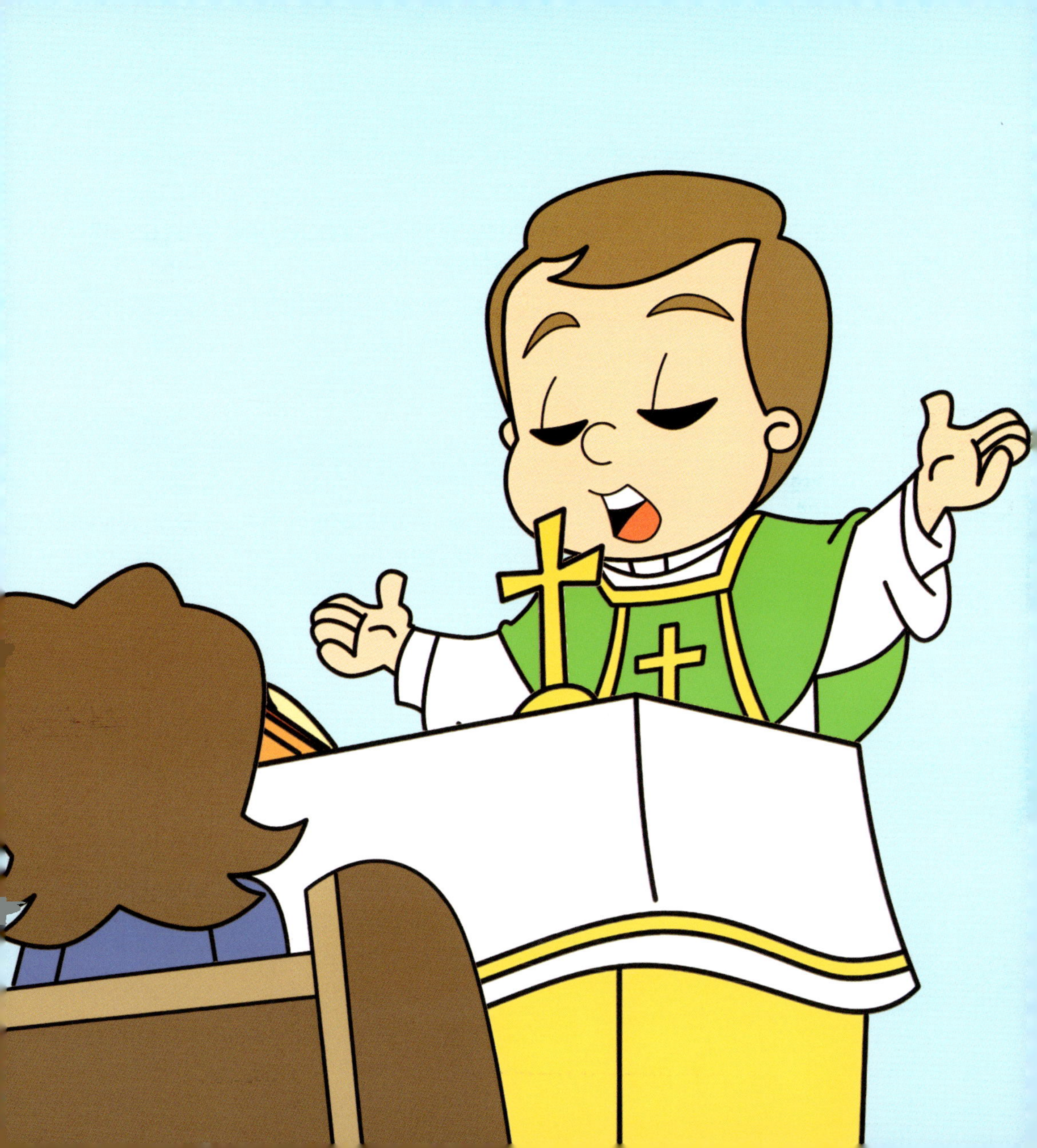

6. Liturgia Eucarística

• Preparação das oferendas

(Todos ficam sentados.)

(Neste momento, se for oportuno, as crianças poderão levar ao altar o pão e vinho para a celebração da Eucaristia. Durante a procissão, pode entoar-se um canto apropriado.)

• Apresentação do Pão e do Vinho

Sacerdote: Bendito sejais, Senhor, Deus do universo, pelo pão que recebemos de vossa bondade, fruto da terra e do trabalho humano, que agora vos apresentamos e para nós se vai tornar pão da vida.

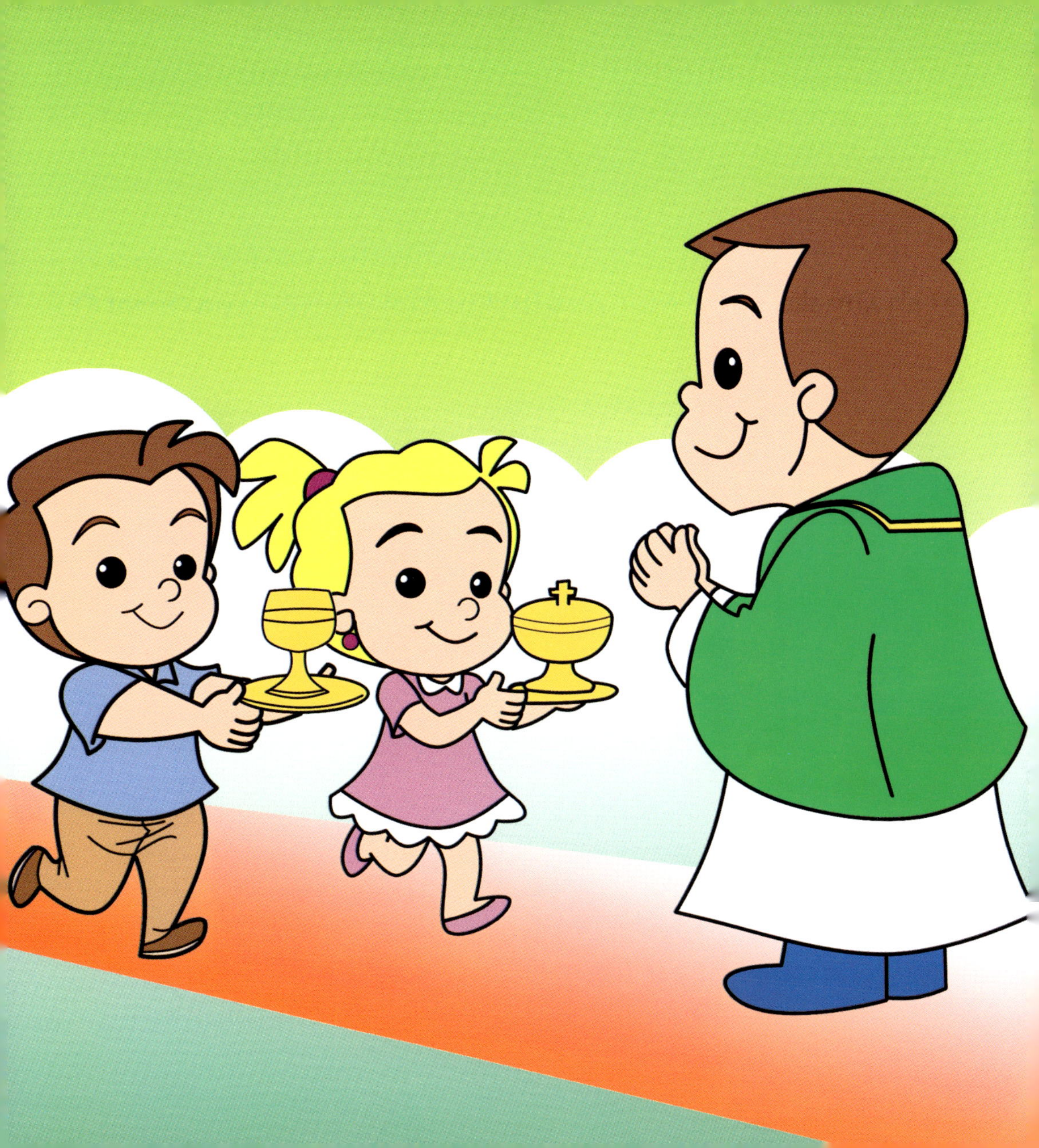

Todos: Bendito seja Deus para sempre.

Sacerdote: Bendito sejais, Senhor, Deus do universo, pelo vinho que recebemos...

Convite à Oração

(O sacerdote reza com a cabeça inclinada, depois lava as mãos, rezando em meia voz. Logo após, volta para o centro do altar e pede que Deus aceite nossos dons.)

Sacerdote: Orai, irmãos e irmãs, para que o nosso sacrifício seja aceito por Deus Pai Todo-Poderoso.

Todos: Receba o Senhor por tuas mãos este sacrifício, para glória de seu nome, para nosso bem e de toda a santa Igreja.

(Todos ficam em pé.)

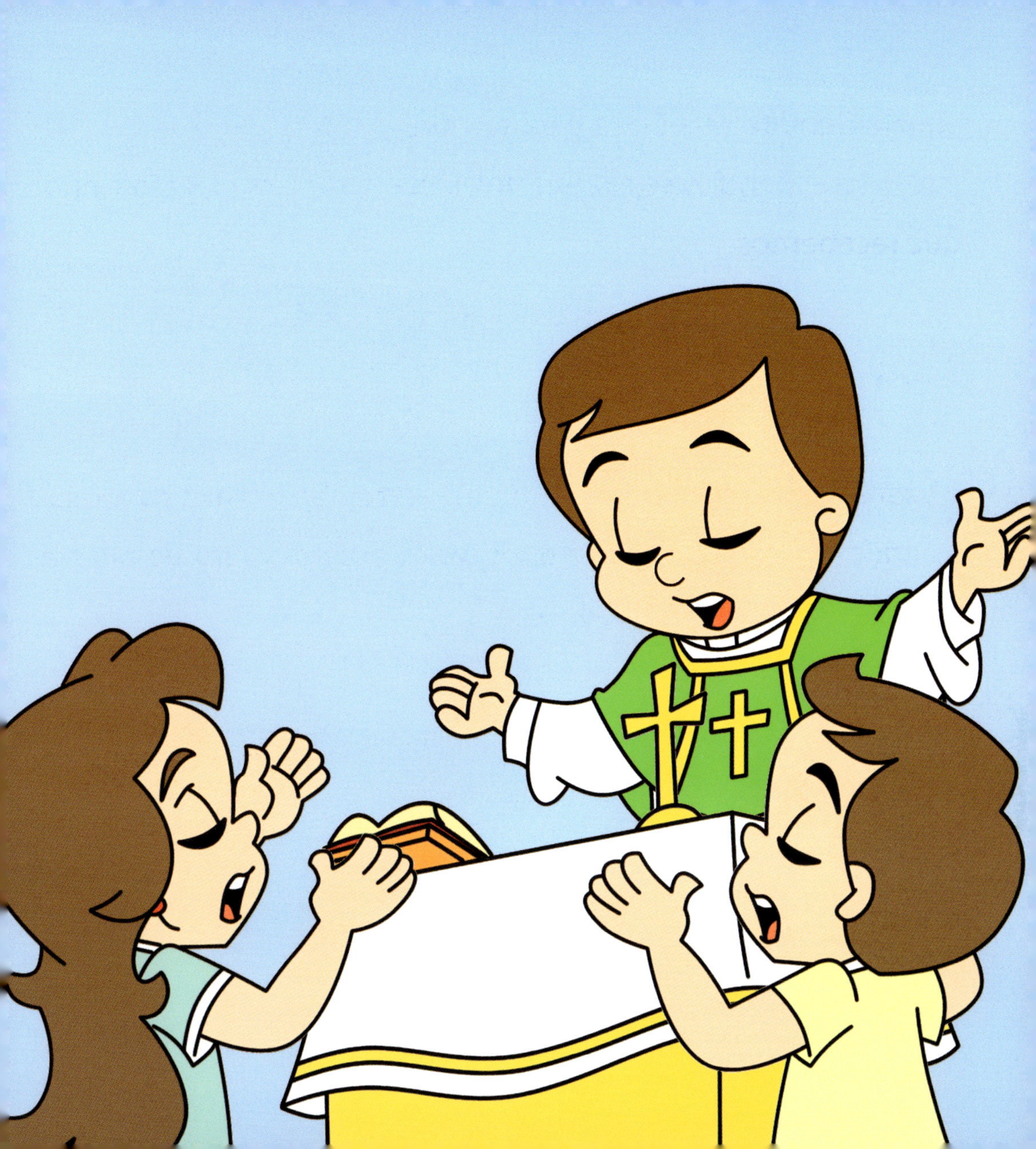

Oração sobre as Oferendas

(O sacerdote reza a oração sobre as oferendas próprias da missa. No final respondemos:)

Todos: Amém.

Oração Eucarística II

(A oração eucarística é a grande oração da santa missa: uma oração de louvor, agradecimento e súplica a Deus Pai. Durante esta oração, o sacerdote repete as palavras e os gestos de Jesus na Última Ceia e consagra o Pão e o Vinho.)

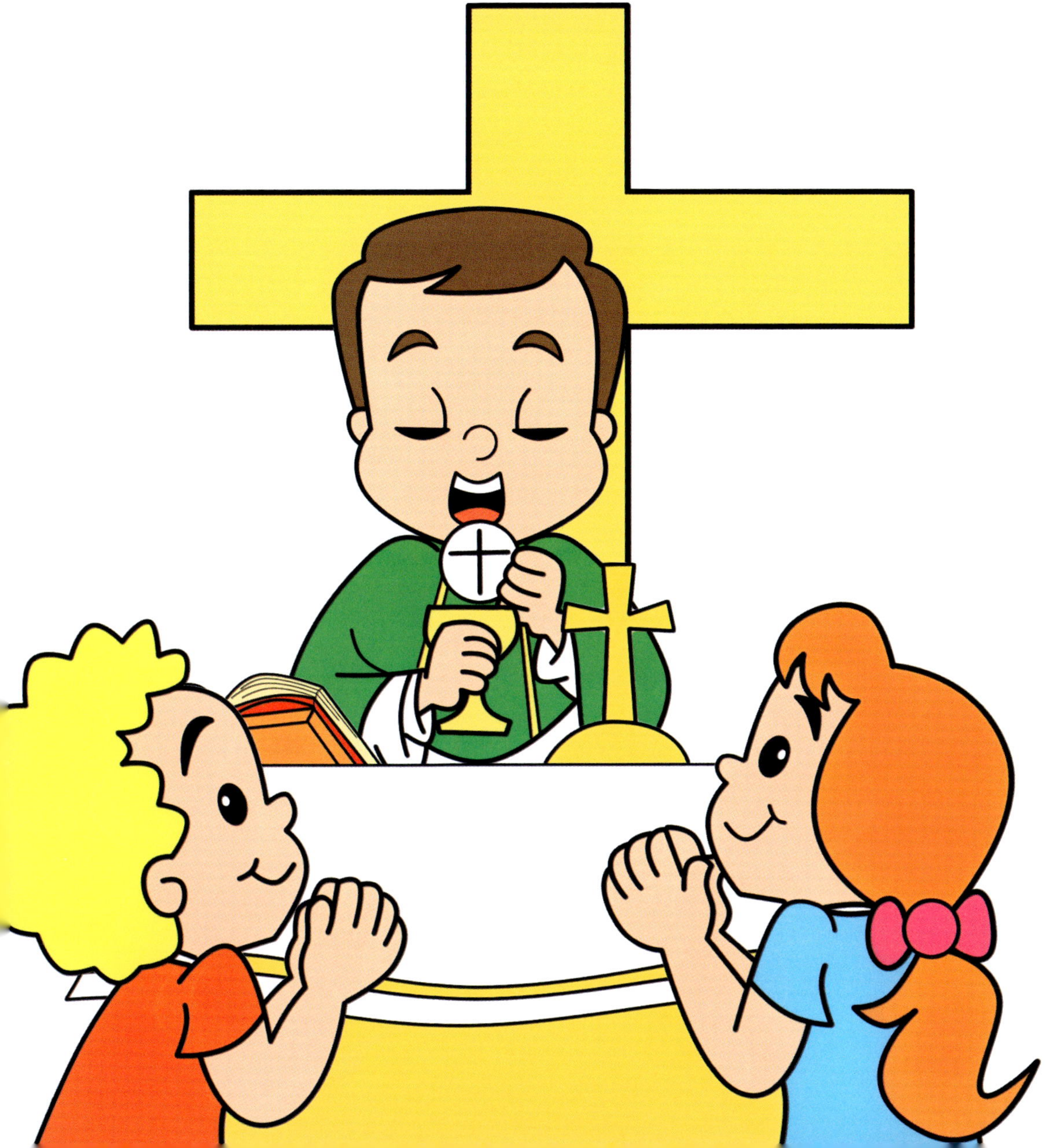

Prefácio

Sacerdote: O Senhor esteja convosco!

Todos: Ele está no meio de nós.

Sacerdote: Corações ao alto!

Todos: O nosso coração está em Deus.

Sacerdote: Demos graças ao Senhor, nosso Deus!

Todos: É nosso dever e nossa salvação.

(O sacerdote continua rezando ou cantando a oração do prefácio, que varia conforme os tempos e dias litúrgicos. Abaixo está o prefácio da Oração Eucarística II:)

Sacerdote: Na verdade, é justo e necessário, é nosso dever e salvação dar-vos graças, sempre e em todo lugar, Senhor, Pai Santo, Deus eterno e Todo-Poderoso, por Cristo, Senhor nosso. Ele é a vossa palavra viva, pela qual tudo criastes. Ele é o nosso Salvador e Redentor, verdadeiro homem, concebido do Espírito Santo e nascido da Virgem Maria. Ele, para cumprir a vossa vontade e reunir um povo santo em vosso louvor, estendeu os braços na hora de sua paixão, a fim de vencer a morte e manifestar a ressurreição. Por Ele, os anjos celebram vossa grandeza e os santos proclamam vossa glória. Concedei-nos também a nós associar-nos a seus louvores, cantando (dizendo) a uma só voz.

Todos: Santo, Santo, Santo, Senhor, Deus do universo! O céu e a terra proclamam a vossa glória. Hosana nas alturas!
Bendito o que vem em nome do Senhor! Hosana nas alturas!

(Neste momento, todos se ajoelham. O sacerdote continua a oração eucarística II. Com as mãos estendidas, diz:)

Sacerdote: NA VERDADE, ó Pai, vós sois santo e fonte de toda santidade. Santificai, pois, estas oferendas, derramando sobre elas o vosso Espírito, a fim de que se tornem para nós o Corpo e ☩ o Sangue de Jesus Cristo, vosso Filho e Senhor nosso.

Todos: Santificai nossa oferenda, ó Senhor!

Sacerdote: ESTANDO para ser entregue e abraçando livremente a paixão, Ele tomou o pão, deu graças, e o partiu, e deu a seus discípulos, dizendo:

TOMAI, TODOS, E COMEI: ISTO É O MEU CORPO, QUE SERÁ ENTREGUE POR VÓS.

(O sacerdote mostra a hóstia consagrada ao povo e logo a deposita sobre a patena, e a adora fazendo genuflexão. E continua:)

Sacerdote: Do mesmo modo, ao fim da ceia, Ele tomou o cálice em suas mãos, deu graças novamente, e o deu a seus discípulos, dizendo:

TOMAI, TODOS, E BEBEI: ESTE É O CÁLICE DO MEU SANGUE,

O SANGUE DA NOVA E ETERNA ALIANÇA, QUE SERÁ DERRAMADO POR VÓS E POR TODOS, PARA REMISSÃO DOS PECADOS. FAZEI ISTO EM MEMÓRIA DE MIM.

(O sacerdote apresenta o cálice ao povo, deposita-o sobre o corporal e o adora fazendo genuflexão.)

(Todos ficam em pé, e o sacerdote proclama:)

Sacerdote: Eis o mistério da fé!
Todos: Salvador do mundo, salvai-nos, vós que nos libertastes pela cruz e ressurreição.
Ou
Sacerdote: Eis o mistério da fé!
Todos: Anunciamos, Senhor, a vossa morte e proclamamos a vossa ressurreição. Vinde, Senhor Jesus!

(Após essa proclamação, com as mãos estendidas, o sacerdote continua rezando:)

Sacerdote: CELEBRANDO, pois, a memória da morte e ressurreição de vosso Filho, nós vos oferecemos, ó Pai, o pão da vida e o cálice da salvação; e vos agradecemos porque nos tornastes dignos de estar aqui na vossa presença e vos servir.

Todos: Recebei, ó Senhor, a nossa oferta!

Sacerdote: E NÓS vos suplicamos que, participando do Corpo e Sangue de Cristo, sejamos reunidos pelo Espírito Santo num só corpo.

Todos: Fazei de nós um só corpo e um só espírito!

Sacerdote: LEMBRAI-VOS, ó Pai, de vossa Igreja que se faz presente pelo mundo inteiro: que ela cresça na caridade, com o papa N., com o nosso bispo N. e todos os ministros de vosso povo.

Todos: Lembrai-vos, ó Pai, de vossa Igreja!

Sacerdote: LEMBRAI-VOS também de nossos irmãos e nossas irmãs que morreram na esperança da ressurreição e de todos os que partiram desta vida: acolhei-os junto a vós na luz de vossa face.

Todos: Lembrai-vos, ó Pai, de vossos filhos!

Sacerdote: ENFIM, nós vos pedimos, tende piedade de todos nós e dai-nos participar da vida eterna, com a Virgem Maria, Mãe de Deus, com os santos Apóstolos e todos os que neste mundo vos serviram, a fim de vos louvarmos e glorificarmos, por Jesus Cristo, vosso Filho.

Todos: Concedei-nos o convívio dos eleitos!

(Tomando a patena com a hóstia consagrada e o cálice, mantendo-os erguidos, o sacerdote diz:)

Sacerdote: POR CRISTO, com Cristo, em Cristo, a vós, Deus Pai Todo-Poderoso, na unidade do Espírito Santo, toda a honra e toda a glória, agora e para sempre.

Todos: Amém.

7. Rito da Comunhão

(Todos ficam em pé, pois chegou o momento da comunhão. Jesus mesmo nos convidou ao nos dizer: "Tomai, comei e bebei". Preparemo-nos para o encontro com o corpo e sangue de Jesus, rezando a oração que Ele nos ensinou e dando-nos, de coração, o abraço da amizade e da paz.)

Sacerdote: Obedientes à palavra do Salvador e formados por seu divino ensinamento, ousamos dizer:

Todos: Pai nosso, que estais no céu…

Sacerdote: Livrai-nos de todos os males, ó Pai, e dai-nos hoje a vossa paz. Ajudados pela vossa misericórdia, sejamos sempre livres do pecado e protegidos de todos os perigos, enquanto, vivendo a esperança, aguardamos a vinda do Cristo Salvador.

Todos: Vosso é o reino, o poder e a glória para sempre!

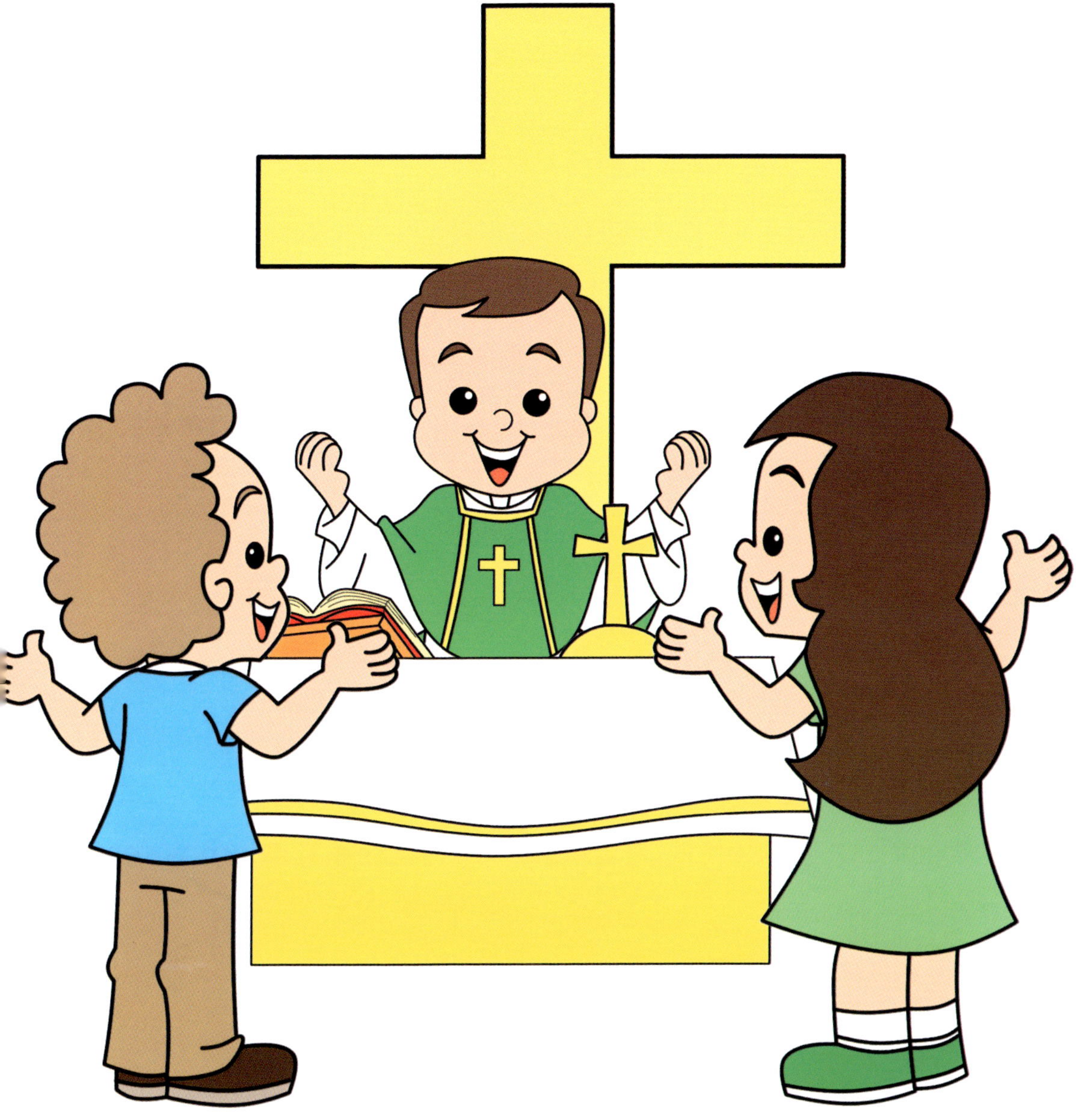

8. Rito da Paz

Sacerdote: Senhor Jesus Cristo, dissestes aos vossos Apóstolos: eu vos deixo a paz, eu vos dou a minha paz. Não olheis os nossos pecados, mas a fé que anima vossa Igreja; dai-lhe, segundo o vosso desejo, a paz e a unidade. Vós, que sois Deus, com o Pai e o Espírito Santo.

Todos: Amém.

Sacerdote: A paz do Senhor esteja sempre convosco.

Todos: O amor de Cristo nos uniu.

Sacerdote: Irmãos e irmãs, saudai-vos em Cristo Jesus.

(Todos se dão a paz de Cristo com um abraço ou um aperto de mãos. Com esse sinal expressamos que nos queremos bem, que perdoamos uns aos outros e que nos comprometemos a levar a paz para nossas casas, para a escola, para todas as partes.)

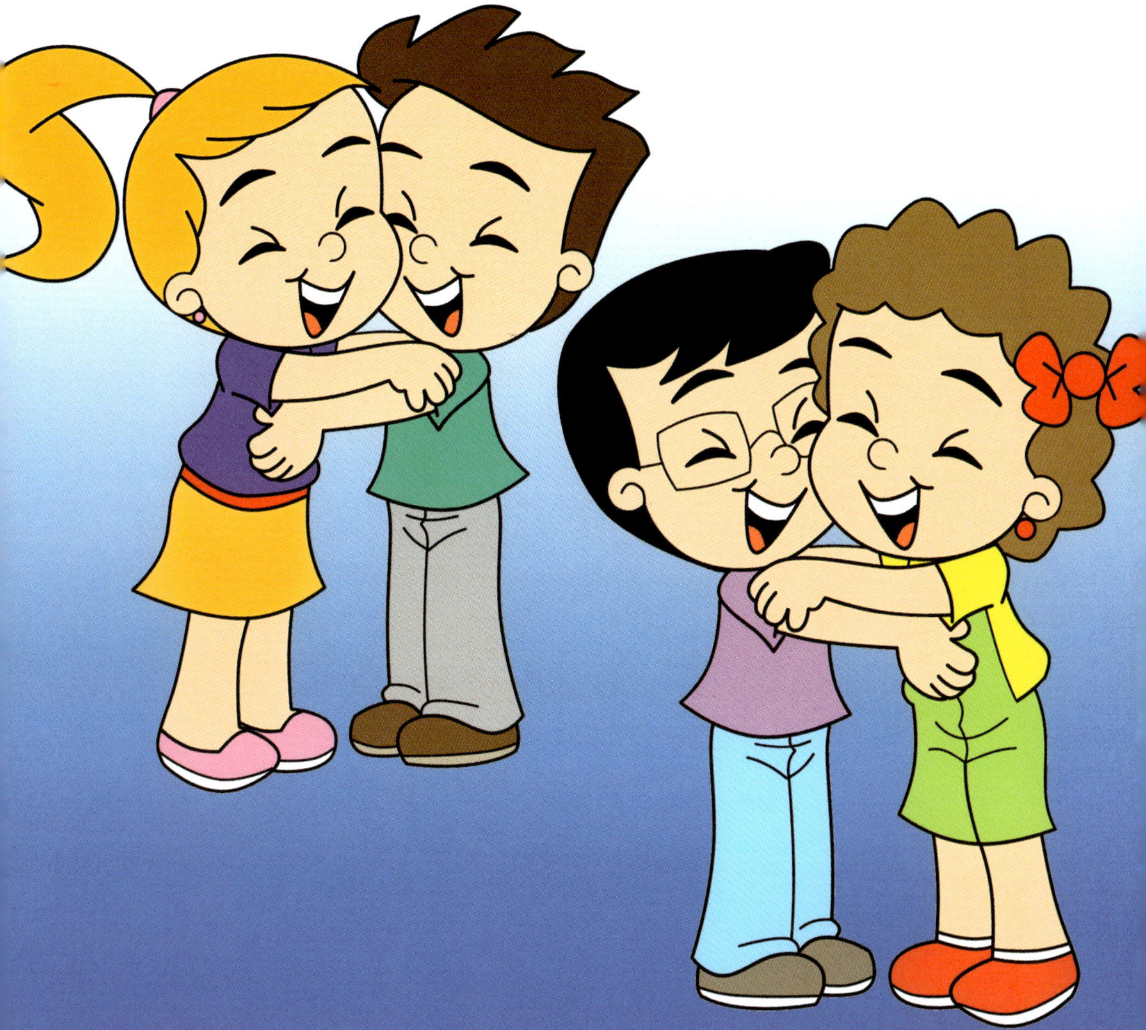

9. Fração do Pão

(O sacerdote parte a Hóstia Sagrada, como Jesus fez na Última Ceia, enquanto a assembleia canta ou reza o "Cordeiro de Deus".)

Todos: Cordeiro de Deus, que tirais o pecado do mundo, tende piedade de nós. Cordeiro de Deus, que tirais o pecado do mundo, tende piedade de nós. Cordeiro de Deus, que tirais o pecado do mundo, dai-nos a paz.

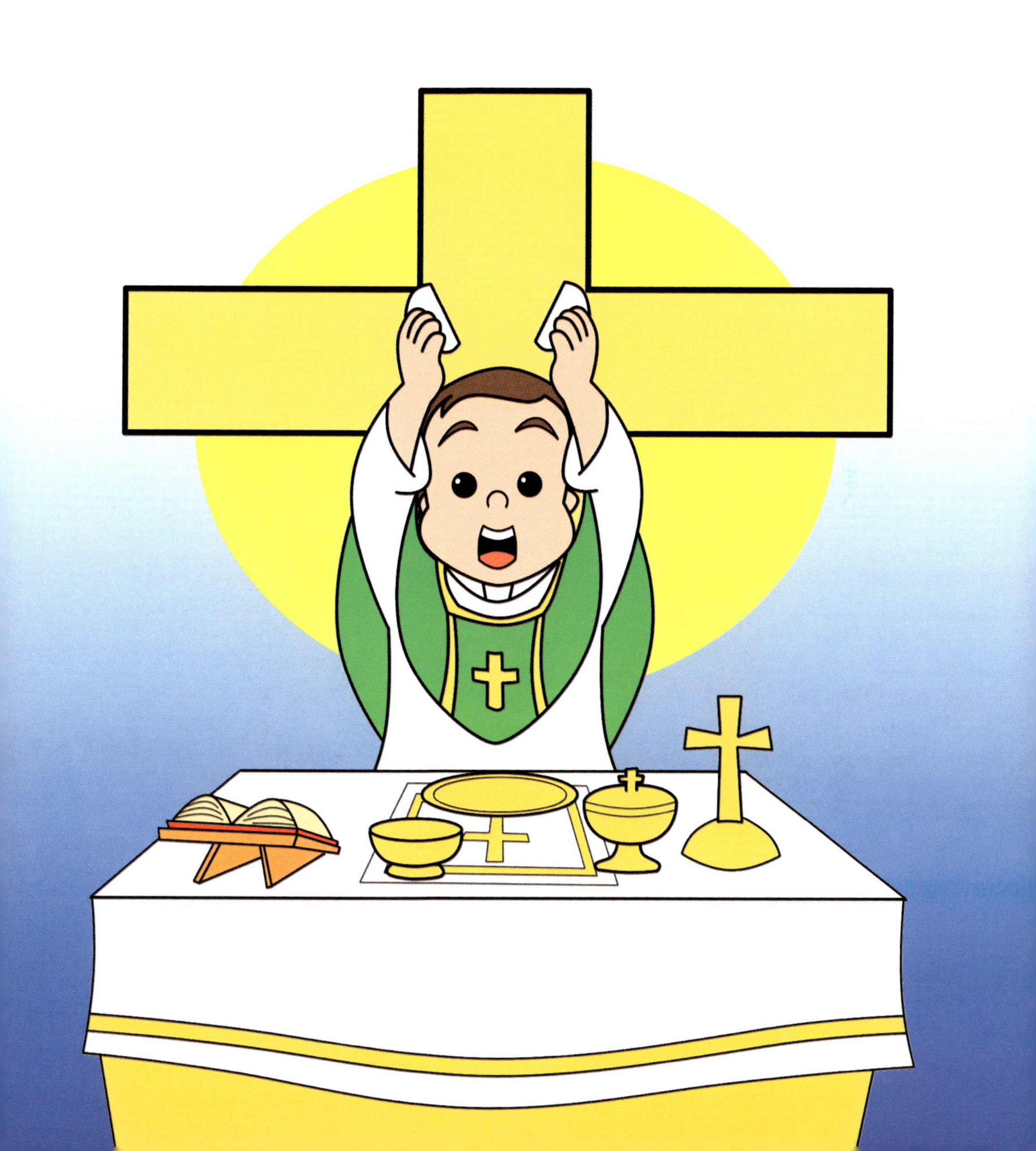

10. Comunhão

(A ceia do Senhor está preparada, e todos somos convidados. Jesus disse: "Eu sou o pão vivo descido do céu. Quem come deste pão viverá para sempre". O sacerdote apresenta a Hóstia consagrada, convidando-nos:)

Sacerdote: Felizes os convidados para a Ceia do Senhor. Eis o Cordeiro de Deus, que tira o pecado do mundo.

Todos: Senhor, eu não sou digno(a) de que entreis em minha morada, mas dizei uma palavra e serei salvo(a).

(O sacerdote comunga e distribui a comunhão. Em procissão, aproximamo-nos para receber Jesus. Ao nos dar a Hóstia, diz-nos:)

Sacerdote: O Corpo de Cristo.
Todos: Amém.

(Durante a Comunhão, pode ser entoado um canto apropriado. Depois de receber a Comunhão, faça alguns minutos de silêncio, meditando e conversando com Jesus, presente em seu coração; agradecendo-lhe o dom recebido, prometendo-lhe fidelidade e pedindo graça para você e seus entes queridos. Diga-lhe, por exemplo, a seguinte oração:)

Jesus, meu amigo, obrigado pelo presente que me deste: teu Corpo e teu Sangue são meu alimento espiritual.
Ajuda-me a ser bom, obediente e generoso com todos.
Peço-te por meus pais, meus irmãos, avós e amigos. Peço-te também pelo papa, pelos bispos e sacerdotes, meus catequistas e professores, por todos os que fazem o bem.
Desejo que todos eles te conheçam e te amem. Por isso quero comportar-me como te agrada. Acompanha-me sempre, Jesus amigo das crianças.
Amém.

11. Ritos finais

Sacerdote: Oremos.

(O sacerdote reza em voz alta a oração final da missa. Todos respondem:)

Todos: Amém.
Sacerdote: O Senhor esteja convosco.
Todos: Ele está no meio de nós.

(O sacerdote dá a bênção em nome de Deus.)

Sacerdote: Abençoe-vos o Deus Todo-Poderoso, Pai, ✝ Filho ✝ e Espírito Santo.

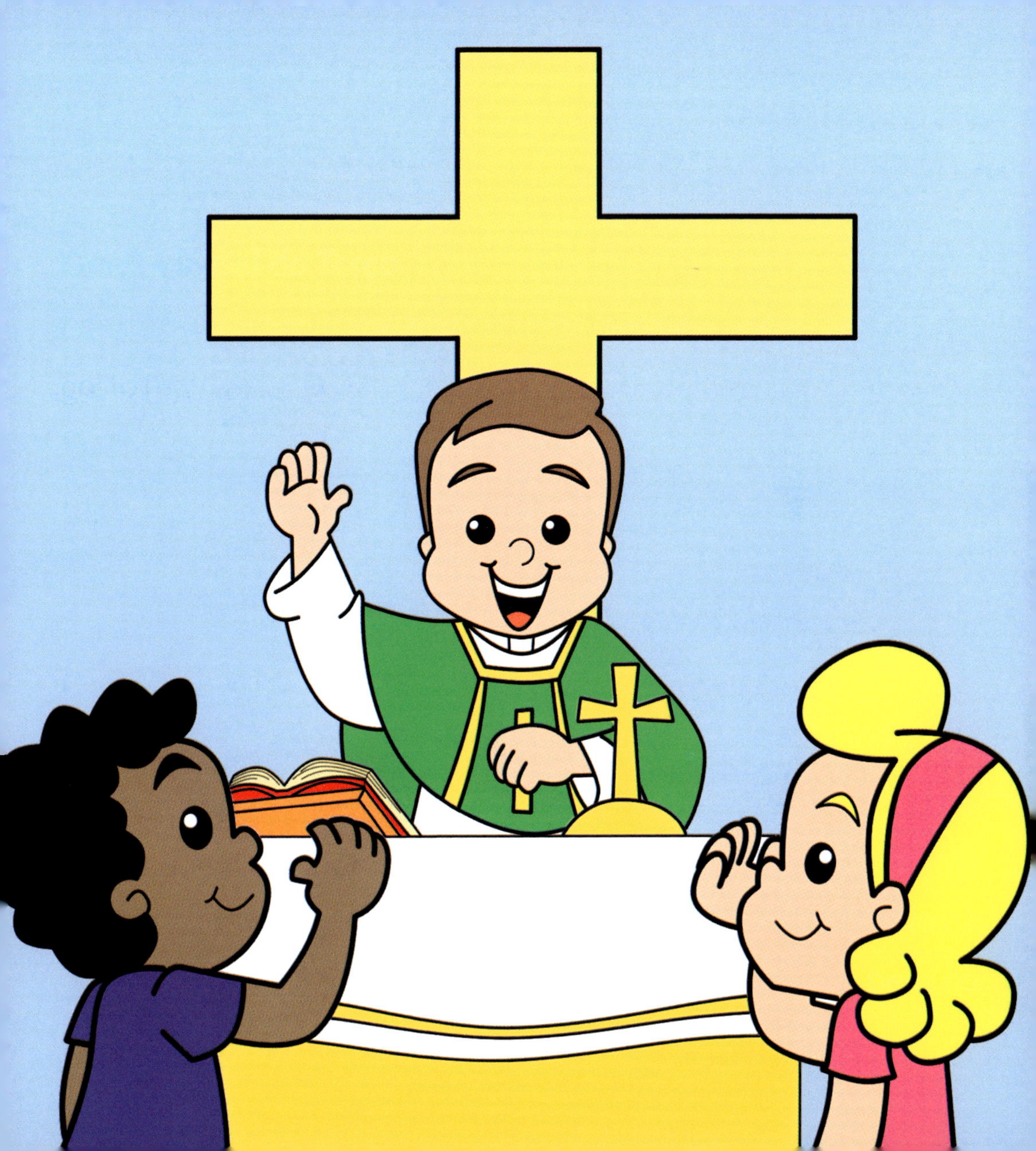

Todos: Amém.

Sacerdote: Ide em paz, que o Senhor vos acompanhe!

Todos: Graças a Deus!

(Vamos com Jesus: uns instantes antes de sair da igreja, agradeça a Jesus ter vindo a seu coração. Leve, agora, a sua casa e todas as partes o amor e a paz que acabou de receber de Jesus. Amém.)

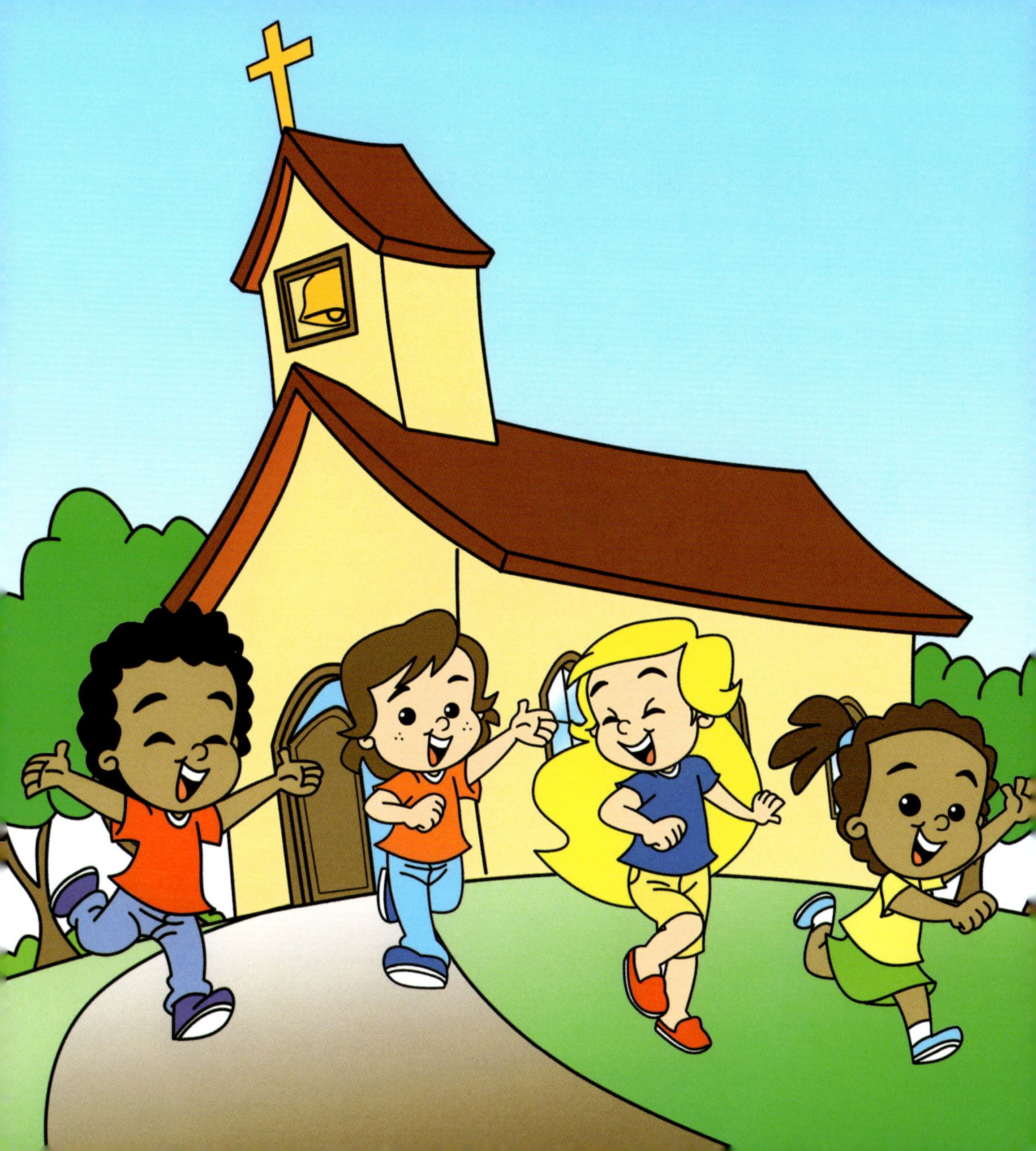

Este livro foi composto com as famílias tipográficas Cabin e Avenir e impresso em papel Couchê 150g/m² pela **Gráfica Santuário**.